cocinar hoy

Carnes

EDITORIAL DE VECCHI

Traducción de Nieves Nueno Cobas.

Proyecto gráfico de la cubierta de Design 3.

Fotografías de la cubierta y del interior (y las recetas correspondientes) de © Studio Novak - Milán.

Consell de Cent, 357. 08007 BARCELONA
Depósito Legal: B. 38.684-2002
ISBN: 84-315-2903-2

INTRODUCCIÓN

En los países occidentales, la carne es el alimento al que se le atribuye una mayor importancia y constituye, en general, una parte fundamental de la dieta, siendo con frecuencia su consumo diario.

Es un alimento de alto contenido proteico y con un notable valor biológico porque sus proteínas están formadas por aminoácidos esenciales para nuestro organismo, que no se encuentran ni en las verduras ni en las legumbres; además, en las grasas de la carne están presentes vitaminas liposolubles. Es evidente que nuestros antepasados lejanos no conocían las características organolépticas de la carne, pero instintivamente habían comprendido la importancia de esta. Por otra parte, en el norte de Europa se atribuía al consumo de carne un gran valor simbólico, difundido en la Edad Media al área mediterránea. Dicho simbolismo se basaba en la analogía que estos hombres establecían entre la sociedad humana y la animal: a quien comía carne se le identificaba como un «jefe» porque los carnívoros, es decir, los depredadores, se sitúan en la cima de la pirámide alimentaria y tienen características «dominantes» con respecto a las demás especies.

Sin embargo, en los textos de la Antigüedad clásica se hallan testimonios que exaltan la frugalidad de los consumos alimentarios como característica de los jefes fuertes y justos y, al mismo tiempo, condenan la búsqueda de los placeres de la mesa y el excesivo consumo de carne. Sólo con la decadencia de la cultura latina y el predominio de las poblaciones del Norte (que se sustentaban con los productos silvestres y de la caza más que con los de la agricultura y la ganadería) se producen testimonios de signo completamente opuesto: los jefes y los poderosos comen mucho. Es más, para ganarse el respeto de los súbditos, deben comer mucho, sobre todo carne.

En cualquier caso, a la carne se le atribuye un papel «central» en la composición del menú. Ya en el siglo XV hay testimonios que califican las carnes como «segundo plato» porque se consideran los alimentos más ricos, que alimentan más y de forma más saludable.

Por otro lado, a los propios platos de carne se les da una particular importancia escenográfica. Por ejemplo, el pavo real asado es revestido de sus plumas y sacado a la mesa con la rueda desplegada, saliendo de su pico chispas y humo, los asados se doran en el verdadero sentido de la palabra (se recubren con una lámina de oro o de plata), etc.

Después de los excesos del lejano pasado pero también de tiempos más recientes (pensemos en la posguerra, con el bistec como símbolo del bienestar), hoy en día nos encontramos en una fase de recuperación del equilibrio. Después de haber sido literalmente acusada de todos los males durante algunos años, la carne ha recuperado su lugar en la pirámide alimentaria humana. Incluso, se está manifestando un interés cada vez mayor por las carnes alternativas a la de vacuno y por los platos que incluyen verduras y hortalizas. Basta echar un vistazo a las estanterías de los supermercados para darse cuenta de la amplitud del fenómeno.

Algunos consejos

La carne nos ofrece una gran cantidad de posibilidades de preparación: de las más sencillas y rápidas a las más sofisticadas y laboriosas. En cualquier caso, para obtener buenos resultados conviene tomar algunas precauciones en el momento de su elección.

Para todas las carnes, el grano debe ser fino y compacto; el olor, fresco y agradable. Aunque el color puede variar según la procedencia y el tipo de alimentación, la carne de vaca de calidad es de color rojo vivo con grasa ligeramente amarillenta y bien distribuida; la de ternera es apenas rosada con grasa blanca distribuida con regularidad; la de cordero, cabrito y conejo es rosa con grasa blanca nacarada; la de cerdo es rosa claro; el ave tiene un abanico cromático algo más variado: del rosa pálido del pollo al ligeramente anaranjado del pavo y el aún más intenso del pato. Desde el punto de vista gastronómico y para facilitar su elección, las carnes se suelen clasificar en dos grandes categorías: blancas y rojas.

A las carnes blancas pertenecen la ternera, el cordero, el cabrito, el cerdo, el pollo, el pavo y la oca; son carnes rojas las de vaca o buey, el caballo, el carnero, el capón, el pato, el palomo y la caza.

En cuanto a la cocción, las carnes blancas siempre deben cocerse perfectamente, mientras que las rojas pueden consumirse poco hechas e incluso crudas, en el caso de algunos platos particulares (carpaccio, steak tartare).

Pero, ¿qué pieza o, mejor dicho, qué corte de carne utilizar para los diversos platos? Indicamos a continuación las principales formas de utilizar los cortes más habituales del mercado. Esta breve lista puede ayudarle también a sustituir una pieza que pueda no estar disponible en algún momento.

- Vaca o buey

Asado: solomillo, lomo, cadera, tapa.
Braseado: cadera, espaldilla, cuello, rabo.
A la parrilla o en la sartén: solomillo, lomo, cadera, tapa.
Hervido: cuello, tapa de chuletas, aguja, contratapa, espaldilla, morcillo, aleta, pescuezo, rabo.

- Ternera

Asado: tapa, riñonada, lomo bajo, tapa de chuletas, aguja, falda, aleta.
A la parrilla o en la sartén: tapa, chuletas, contra.

¿Cuánta carne?

Durante siglos las crónicas de los banquetes rebosan literalmente de carne, como es lógico por parte de quien podía permitírselo; sin embargo, tal vez el lector no consiga hacerse una idea veraz de las cantidades que podían servirse durante una comida. Sintetizando las listas que se refieren a los banquetes renacentistas, se deduce que, sólo en carne, cada comensal disponía de unos 700 gramos de embutidos y rellenos, un kilo de carne ovina, más dos kilos de carne, costilla y lengua de ternera, medio conejo, medio capón, un pato, medio pollo, dos pichones, una tórtola, una perdiz, cuatro oropéndolas, media cabeza de cabrito más despojos diversos... No es de extrañar que en aquellos años en que el principal problema de la gente corriente era no morirse de hambre, los ricos tuviesen el problema opuesto, sucumbiendo a las enfermedades «del bienestar», como la gota.

Guisado: lomo bajo, tapa de chuletas, aguja, falda.
Hervido: aleta, mano, rabo.

- Cerdo

Asado o guisado: lomo, solomillo, costillas, chuleta, brazuelo. Generalmente las demás piezas no se hallan en el mercado porque las utiliza la industria de los embutidos.

- Cordero

Asado: pierna, espaldilla, brazuelo (si es entero).
En la sartén: costillas.
Guisado: todas las partes pequeñas (estofado).

Hoy en día para platos elaborados e «importantes» se emplean de forma particular las grandes piezas de carne (por ejemplo, espaldar, costillar, falda), como síntoma inequívoco del renovado interés por el plato «fuerte» del almuerzo. Además, una gran pieza de asado, sólo con cortarse en la mesa, nos devuelve a la atmósfera del «banquete» que muchas personas desean recuperar.

Al mismo tiempo, se hallan igualmente difundidas las albóndigas o los rollos, que obtienen un gran éxito entre los comensales a causa de su «espectacularidad». Además, las albóndigas representan una forma de «colar» la propia carne o bien las verduras en el plato de los niños inapetentes... En la mayoría de los casos los asados, los braseados, los guisados o las albóndigas pueden prepararse con antelación y luego consumirse en el plazo de unos días, con un gran ahorro de tiempo. Por otra parte, muchos platos de carne pueden dividirse en porciones y seguidamente congelarse para tener una pequeña reserva que utilizar en los casos de emergencia o para variar el menú diario. En este caso, es preferible mantener separados los fondos de cocción y las salsas de acompañamiento. Las lonchas podrán calentarse sin que se sequen poniéndolas tapadas entre dos platos colocados sobre una olla llena de agua caliente en el horno a 70°, o tapadas en el microondas a potencia mediobaja.

Los hervidos están menos difundidos porque, además del largo tiempo de cocción que se emplea en ellos, el sabor resultante es poco intenso y se aleja del gusto actual. No obstante, es preciso tener en cuenta tres factores:

— los hervidos suelen ser más digeribles que las carnes estofadas, fritas y cocidas en grasa a temperatura elevada;
— es cierto que el tiempo de cocción de los hervidos es largo, pero la cocción en sí no debe «seguirse», por lo que

el cocinero puede dedicarse a otras actividades en casa;

— la «monotonía» del sabor de los hervidos se puede evitar con un poco de imaginación, combinando acompañamientos o, sencillamente, salsas apetitosas.

Estas últimas pueden acompañar también al filete, que nunca pasa de moda. Según los gustos y la dieta individual, se puede escoger entre decenas de tipos, ya listas o para preparar en casa, a base de aceite, nata o yogur, y con características y combinaciones que van del dulce al áspero y el picante, enriquecidas con trozos de hortalizas o hierbas aromáticas. Como siempre, lo importante es esforzarse por abandonar los malos hábitos cotidianos y llevar también a la cocina una pizca de creatividad.

Combinar el vino

Los platos a base de carne son el reino de los vinos tintos, aunque puede haber excepciones. Con las aves, por ejemplo, o con otras carnes blancas como la ternera, el uso de los blancos dotados de cierto carácter resulta ampliamente autorizado y recomendable, sobre todo si son platos sencillos o están acompañados de salsas delicadas. También se emplean mucho los vinos rosados, que hacen buen papel incluso con preparados más sabrosos. Si las salsas son más pesadas y complicadas, resultan indicados los vinos tintos pero siempre elegantes, frescos y ligeros como un D.O. Monterrei superior o un D.O. Mondéjar; o vinos delicados y de escasa graduación como los tintos de D.O. Txacolí de Bizkaia, D.O. Jumilla tinto, D.O. Conca de Barberà, D.O. El Bierzo o D.O. Ribeiro.

El cerdo se incluye entre las carnes blancas, pero es tradicionalmente más graso. A decir verdad, la carne de cerdo que se vende hoy en día es mucho más magra que la de antaño, en ocasiones incluso en exceso, pero los platos en los que se emplea suelen ser bastante ricos en grasa. Por ello, se combinan vinos tintos secos y generosos, que tengan la capacidad «desengrasante» de dejar la lengua limpia. Se prestan a esta finalidad vinos como el D.O. Cariñena, el D.O. Cigales, el D.O. Condado de Huelva viejo o el D.O. Navarra. Es proverbial la variedad y riqueza de combinaciones entre caldos autóctonos y platos elaborados con cerdo que nuestra gastronomía ofrece. Este aspecto se hace más evidente con los embutidos cocidos y de elevado contenido de grasas que combinan bien con el tinto D.O. Penedès, por ejemplo: pan con tomate y butifarra negra o de huevo, típico de tierras catalanas; o tal vez unas magras con tomate y vino tinto D.O. Calatayud, propio de Aragón. No debemos tener miedo de parecer pasados de moda al elegir las combinaciones de la cocina regional, pues con frecuencia es la tradición la que nos transmite la combinación idónea, por lo general en el ámbito de los productos del mismo territorio.

A medida que va aumentando la intensidad del sabor de las carnes, aumenta también la complejidad de los vinos para combinar.

Las carnes rojas asadas o a la parrilla requieren vinos de envejecimiento medio, pero aún frescos y fragantes, como D.O. Ribera del Duero. Los guisos aromáticos de carne roja requieren vinos con mayor cuerpo y solera, como D.O. Toro.

Las aves de carne roja, sobre todo si se acompañan de salsas de mucho colorido, requieren vinos bien estructurados, de tipo D.O. Rioja Baja tinto.

Para la caza sin duda es preciso emplear grandes vinos tintos, reservando los más robustos para los platos más sabrosos. Para dar algunos nombres recordemos el D.O. Priorato, el D.O. Somontano, el D.O. Tarragona Falset, el D.O. Terra Alta, el D.O. Valdepeñas y el D.O. Toro.

La temperatura de servicio de los vinos con las carnes es por término medio de 18-20° para los tintos y de 12-14° para los rosados.

RECETARIO

INGREDIENTES PARA 6 PERSONAS

1 kg de estofado de cordero
400 g de patatas
2 cebollas
aceite de oliva virgen extra
sal - pimienta - orégano

TIEMPO DE PREPARACIÓN
1 HORA Y 40 MINUTOS

BEBIDA RECOMENDADA
D.O. JUMILLA TINTO

CORDERO AL HORNO

Pele las cebollas y córtelas en rodajas bastante gruesas. Pele y corte las patatas en rodajas de medio centímetro de grosor aproximadamente.

Dispóngalo todo en una fuente de horno con la carne de cordero, espolvoree con sal, pimienta y orégano y rocíelo con un poco de aceite.

Hornéelo a 180° durante una hora y media, dándole la vuelta de vez en cuando.

INGREDIENTES PARA 4 PERSONAS

12 costillas de cordero
400 g de pulpa de tomate
100 g de aceitunas negras
1 zanahoria
1 rama de apio
1 diente de ajo
vino blanco
aceite de oliva virgen extra
sal - pimienta - orégano

TIEMPO DE PREPARACIÓN
1 HORA

BEBIDA RECOMENDADA
D.O. RIBEIRA SACRA TINTO MONOVARIETAL

CORDERO CON TOMATE

Pique la zanahoria, el apio y el ajo y sofríalos ligeramente con aceite en una cacerola bastante amplia. Añada las costillas y sofríalas por ambos lados. Salpimente. Bañe con un vaso de vino blanco, deje que se evapore y añada el tomate y el orégano. Cueza a fuego moderado durante 40 minutos aproximadamente, añadiendo las aceitunas unos 10 minutos antes de que termine la cocción.

La alternativa

Si prefiere un sabor más delicado, puede utilizar cabrito en las recetas de cordero.

INGREDIENTES PARA 4 PERSONAS

1 kg de estofado de cordero
10 aceitunas deshuesadas
2 anchoas en salmuera
2 dientes de ajo
harina - orégano
aceite de oliva virgen extra
sal - pimienta

TIEMPO DE PREPARACIÓN
1 HORA Y 40 MINUTOS

BEBIDA RECOMENDADA
D.O. RIBERA DEL DUERO TINTO

CORDERO CON ACEITUNAS

Pique el ajo junto con una cucharada de orégano, las anchoas desaladas y las aceitunas.

Sofría la carne en una cazuela llana con aceite, salpimente, añada la picada preparada y rehogue durante unos minutos.

Báñelo con un vaso abundante de agua caliente y cuézalo tapado durante una hora y media, comprobando que no se seque demasiado y, si es necesario, añadiendo un poco más de agua caliente.

PATO CON GLASEADO DE GROSELLA Y NARANJA

INGREDIENTES PARA 4 PERSONAS

1 pato
7 naranjas
400 g de grosellas rojas
250 g de gelatina de grosella
mostaza suave
sal
pimienta

TIEMPO DE PREPARACIÓN
2 HORAS

BEBIDA RECOMENDADA
D.O. UTIEL-REQUENA SUPERIOR BLANCO

Pele dos naranjas y divídalas en gajos.

Quítele las vísceras al pato, lávelo y séquelo. Salpimente el interior y seguidamente rellénelo con los gajos de naranja y una parte de las grosellas rojas.

Pinche el pato con un tenedor, póngalo en una fuente de horno e introdúzcalo en el horno precalentado a 160° durante una hora y media aproximadamente.

Mezcle en una cazuela el zumo y la ralladura de otra naranja, la gelatina y la mostaza.

Rehogue durante unos minutos hasta obtener un glaseado suave con el que pintará el pato cada 10 minutos.

Saque el pato del horno y píntelo con el resto del glaseado. Colóquelo en una fuente y sírvalo acompañándolo con rodajas de naranja y tres naranjas cortadas en forma de canastilla rellenas de grosellas.

INGREDIENTES PARA 4 PERSONAS

- *1 pato*
- *500 g de manzanas*
- *100 g de nueces peladas*
- *4 escalonias - 2 panecillos*
- *1 limón - 1 cebolla*
- *1 huevo - mantequilla*
- *tomillo - jerez*
- *aceite de oliva virgen extra*
- *sal - pimienta*

TIEMPO DE PREPARACIÓN
2 HORAS Y 30 MINUTOS

BEBIDA RECOMENDADA
D.O. TXACOLÍ DE BIZKAIA BLANCO

PATO CON MANZANAS

Quítele las vísceras al pato, lávelo y séquelo.

Funda una nuez de mantequilla en una cacerola, añádale las escalonias y la cebolla picada, las manzanas peladas y cortadas en cubitos y la ralladura junto con el zumo del limón. A continuación, cuézalo todo a fuego moderado removiendo de vez en cuando hasta que la cebolla y las manzanas estén tiernas. Retírelo del fuego y resérvelo.

En un cuenco una bien la miga de los panecillos, seis cucharaditas de tomillo picado (o bien dos o tres ramitas), la sal y las nueces picadas, y añada la mezcla de manzanas y el huevo batido, amalgamándolo todo. Con todo esto rellene el pato, cósalo y póngalo en una fuente de horno ligeramente untada con aceite. Salpimente la superficie y bañe el pato con mantequilla fundida y jerez. Hornéelo a 160° durante 2 horas aproximadamente.

INGREDIENTES PARA 4 PERSONAS

- *1 pato*
- *2 dl de vino tinto*
- *2 peras*
- *2 zanahorias*
- *1 rama de apio*
- *1 cebolla*
- *romero*
- *harina*
- *aceite de oliva virgen extra*
- *sal*
- *pimienta*

TIEMPO DE PREPARACIÓN
2 HORAS

BEBIDA RECOMENDADA
D.O. CONCA DE BARBERÀ ESPUMOSO

PATO CON PERAS

Limpie el pato y quítele las vísceras. Frótelo bien por dentro y por fuera con sal y pimienta.

Póngalo en una fuente, añádale unas ramitas de romero y dórelo en el horno a 220° durante 20 minutos. Mientras tanto, pele las peras, corte una en trozos grandes y ponga la otra entera en una cacerola; cúbrala con el vino tinto y proceda a hervirla, durante 10 minutos. Escúrrala y resérvela.

Saque el pato del horno, elimine la grasa fundida y rellénelo con la pera troceada.

Vuelva a meterlo en el horno y cuézalo a 180° durante una hora. A media cocción añada las verduras cortadas en rodajas.

Acabada la cocción, saque el pato de la fuente, elimine la grasa y ponga el fondo de cocción al fuego, añadiéndole un chorrito de vino, un poco de agua y una cucharada de harina; mézcleto todo bien. Redúzcalo un poco y cuélelo.

Trinche el pato, colóquelo en una fuente y decórelo con la pera cocida en el vino. Vierta encima el líquido de cocción filtrado. Sírvalo bien caliente.

INGREDIENTES PARA 4 PERSONAS

1 kg de lomo de cerdo deshuesado
2 dl de caldo de carne
8 escalonias - 2 panecillos
2 manzanas verdes
queso de oveja rallado
pasas de Corinto
tomillo - mejorana - azúcar
vino blanco - vinagre de vino blanco
aceite de oliva virgen extra
sal - pimienta

TIEMPO DE PREPARACIÓN
1 HORA Y 30 MINUTOS

BEBIDA RECOMENDADA
D.O. CONDADO DE HUELVA BLANCO

LOMO A LA CAMPESINA

Bañe la miga de los panecillos en el caldo y mézclela con el queso rallado y las hierbas aromáticas picadas; salpimente. Con un cuchillo bien afilado, abra la carne en forma de libro y rellénela con el pan aromatizado; vuelva a cerrarla y átela con hilo de cocina. Sofría la carne con unas cucharadas de aceite. A continuación, báñela con el vino y salpiméntela. Introduzca la fuente en el horno a 200° durante una hora, bañando con un poco de caldo caliente si es necesario. Mientras, en una cacerola coloque las manzanas junto a las escalonias troceadas y carameliccelas con una cucharada de azúcar; seguidamente vierta dos cucharadas de vinagre, las pasas remojadas y escurridas y una pizca de sal. Añada dos cucharadas de aceite y cueza a fuego moderado durante un cuarto de hora. Saque la carne del horno, tape la fuente para que no se seque demasiado y deje que se enfríe un poco antes de cortarla en filetes. Sírvala con las manzanas confitadas.

Asado con manzanas

Ingredientes para 4 personas

1 kg de tapa de ternera
500 g de manzanas rojas
1 cebolla
miel - vino blanco
aceite de oliva virgen extra
sal - pimienta

Tiempo de preparación
1 hora

Bebida recomendada
D.O. Jumilla monastrell tinto

Ate la carne con hilo de cocina para mantener su forma. Colóquela en una fuente con medio vaso de aceite, sal y pimienta y dórela en el horno muy caliente (200°). A continuación reduzca la temperatura a 160° y prosiga la cocción durante media hora aproximadamente, bañando a menudo el asado con el jugo de la cocción.

En una cacerola cueza durante unos minutos las manzanas peladas y cortadas en rodajas con una cucharadita de miel y un vaso de vino blanco. Disponga las manzanas con el almíbar de cocción en la fuente de servir. Saque del horno el asado, póngalo en un plato y deje que se enfríe un poco.

Mientras tanto, elimine de la fuente la grasa sobrante, póngala al fuego añadiendo un vaso abundante de vino blanco para desprender el fondo de cocción.

Corte en filetes el asado y dispóngalo en la fuente de servir, recomponiéndolo como si estuviese entero.

Vierta la salsa caliente sobre la carne y sírvala.

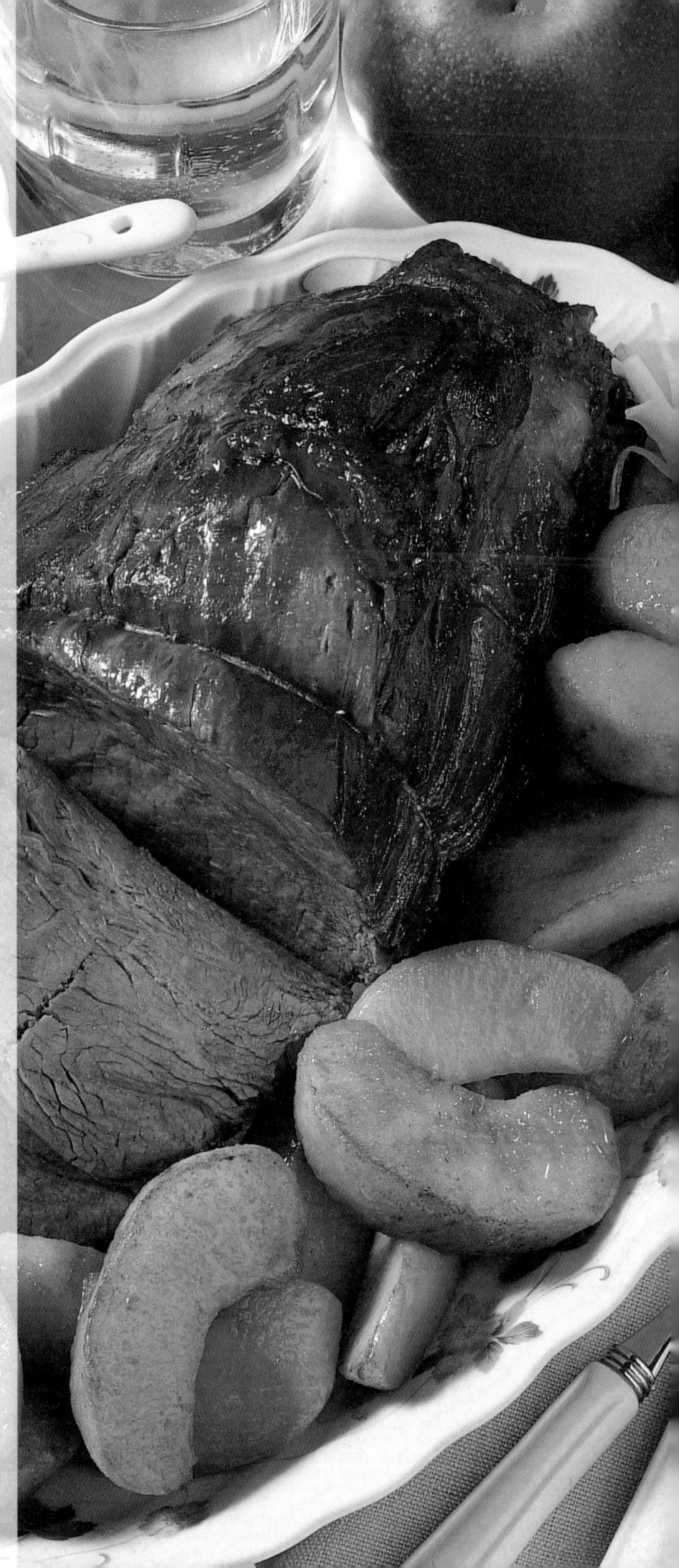

ASADO DE CORDERO RELLENO

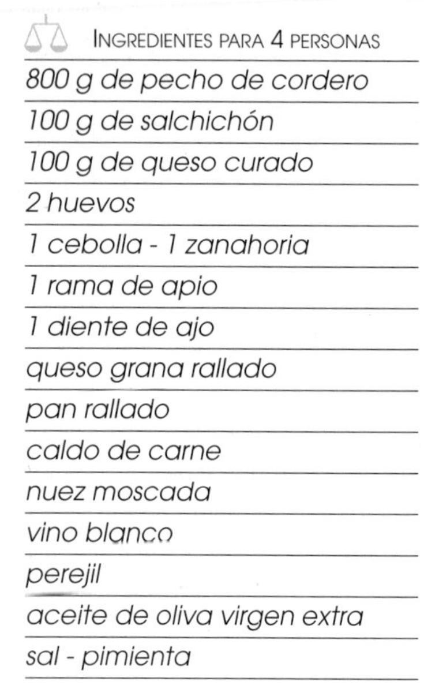

INGREDIENTES PARA 4 PERSONAS

800 g de pecho de cordero
100 g de salchichón
100 g de queso curado
2 huevos
1 cebolla - 1 zanahoria
1 rama de apio
1 diente de ajo
queso grana rallado
pan rallado
caldo de carne
nuez moscada
vino blanco
perejil
aceite de oliva virgen extra
sal - pimienta

TIEMPO DE PREPARACIÓN
2 HORAS

BEBIDA RECOMENDADA
D.O. MONTERREI TINTO SUPERIOR

Con un cuchillo afilado practique en la carne un corte no demasiado ancho.

En un cuenco amalgame los huevos batidos, el queso curado, el salchichón y el perejil picados, añadiendo a la mezcla dos cucharadas de queso rallado y una de pan rallado, sal, pimienta y nuez moscada.

Introduzca este relleno por el corte, seguidamente cosa y ate el asado con hilo de cocina para que mantenga la forma.

Sofría la carne con un poco de aceite y las verduras picadas. A continuación, báñela con un vaso de vino blanco, dejando que se evapore; añada un poco de caldo y cueza durante 1 hora y 20 minutos, añadiendo de vez en cuando más caldo.

Acabada la cocción, deje que repose la carne unos 10 minutos, córtela en filetes y dispóngala en una fuente de servir.

Cuele el fondo de cocción y viértalo sobre la carne.

ASADO DE CERDO CON NARANJA

INGREDIENTES PARA 4 PERSONAS

800 g de lomo de cerdo
2 dl de ron
8 naranjas
1 cebolla - 1 diente de ajo
1 guindilla
aceitunas
azúcar
tomillo - romero - menta
aceite de oliva virgen extra
sal - pimienta

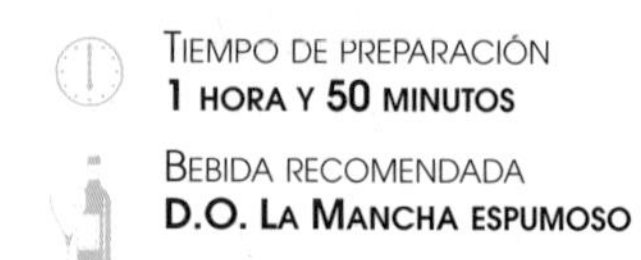

TIEMPO DE PREPARACIÓN
1 HORA Y 50 MINUTOS

BEBIDA RECOMENDADA
D.O. LA MANCHA ESPUMOSO

Pique fino el ajo y la cebolla y dórelos en el aceite; añada la guindilla desmenuzada, la ralladura de una naranja y el zumo exprimido de seis, sal y azúcar. Rehogue unos minutos.

Frote la carne con las hierbas aromáticas picadas, la sal y la pimienta. Sofríala en una cazuela llana con un poco de aceite.

Trasládela a una fuente de horno, añadiendo la salsa de naranja y horneando a 170° durante 1 hora y 20 minutos, bañándola a menudo con el líquido de la cocción. Retírela del horno y deje que repose durante 10 minutos; sáquela de la fuente y córtela en filetes.

Dispóngala en una fuente y báñela con el jugo de cocción, utilizando el resto de las naranjas cortadas en rodajas como decoración.

Asado de cerdo con melocotones de viña

Ingredientes para 4 personas: *1 kg de lomo de cerdo - 2 melocotones de viña - vino blanco - aceite de oliva virgen extra - sal - pimienta blanca*

Tiempo de preparación
1 hora

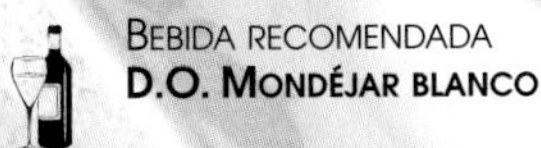

Bebida recomendada
D.O. Mondéjar blanco

Disponga el lomo en una cazuela llana untada de aceite; la parte grasa de la carne debe quedar hacia arriba y se ha de voltear un par de veces para que se unte con ella.

Dore la carne en el horno muy caliente (200°).

Mientras tanto, escalde durante 1 minuto los melocotones enteros en agua y vino blanco. Luego pélelos, corte unas rodajas y resérvelas. Pique el resto. Eche la pulpa en la cazuela y báñela con un vaso de vino blanco.

Baje la temperatura a 160° y hornee durante media hora, salpimentando hacia el final de la cocción. Saque la carne del horno y, sin destaparla, deje que se enfríe un poco.

Pase por el pasapurés todo el acompañamiento y vuelva a ponerlo al fuego; vierta otro vaso de vino y reduzca un poco la salsa. Rectifique de sal y pimienta.

Corte en filetes el lomo, báñelo con la salsa de melocotones y sírvalo enseguida.

INGREDIENTES PARA 4 PERSONAS

1 kg de tapa de ternera
1 diente de ajo
leche
salvia - romero
aceite de oliva virgen extra
sal - pimienta

TIEMPO DE PREPARACIÓN
1 HORA Y 15 MINUTOS

BEBIDA RECOMENDADA
D.O. PRIORATO TINTO

ASADO DE TERNERA CON LECHE

Prepare una picada de salvia y romero.

En una olla, caliente el aceite con el ajo, la salvia y el romero y sofría bien la carne.

Salpimente y bañe con medio litro de leche.

Cueza tapando a fuego lento durante una hora aproximadamente, dándole una vuelta a la carne a media cocción.

Deje que se enfríe un poco. Luego corte en filetes el asado y sírvalo con el fondo de cocción tamizado.

El corte del asado

Durante la cocción, todos los jugos de la carne se concentran en su interior; por esta razón, antes de servir el asado es necesario dejarlo reposar durante un cuarto de hora aproximadamente (tapado o envuelto en papel de aluminio), a fin de que las fibras se distiendan y los jugos vuelvan a distribuirse, proporcionando suavidad a la carne y facilitando el corte de la misma. Así mismo, debe cortarse con un cuchillo bien afilado, deslizándolo transversalmente al sentido de las fibras, sin clavar el tenedor de trinchar, sólo apoyándolo encima para sujetar el asado.

INGREDIENTES PARA 4 PERSONAS

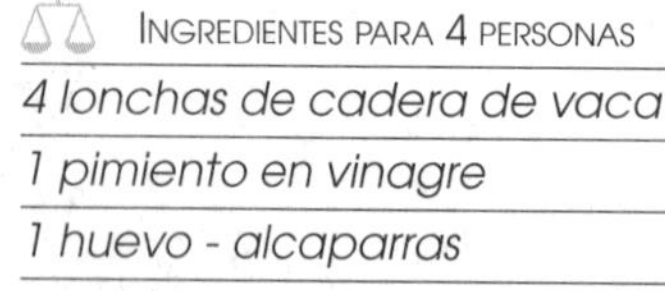

4 lonchas de cadera de vaca
1 pimiento en vinagre
1 huevo - alcaparras
aceitunas verdes deshuesadas
aceite de oliva virgen extra
sal - pimienta

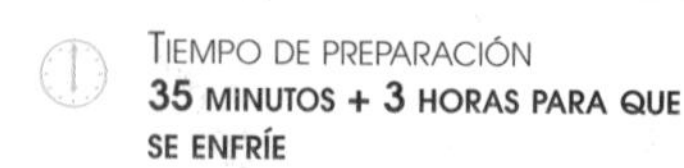

TIEMPO DE PREPARACIÓN
35 MINUTOS + 3 HORAS PARA QUE SE ENFRÍE

BEBIDA RECOMENDADA
D.O. RIBEIRO TINTO

BISTEC CON ACEITUNAS

Pase por la batidora americana dos cucharadas de aceitunas deshuesadas, una de alcaparras, un trocito de pimiento, dos cucharadas de aceite y la yema de huevo. Ase los filetes untados con el aceite a la parrilla o en una sartén antiadherente, pocos minutos por cada lado y salpiméntelos.

Bañe la carne con la salsa y sírvala.

Libritos de ternera

INGREDIENTES PARA 4 PERSONAS: *600 g de ternera en ocho filetes - 150 g de queso tierno - 8 puntas de espárragos - 4 cucharadas de nata - 2 zanahorias - mantequilla - aceite de oliva virgen extra - sal - pimienta*

TIEMPO DE PREPARACIÓN
1 HORA

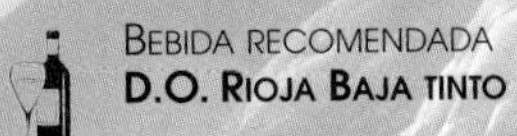

BEBIDA RECOMENDADA
D.O. RIOJA BAJA TINTO

Cueza los espárragos en agua hirviendo salada y escúrralos. En ese agua cueza durante un cuarto de hora las zanahorias peladas y cortadas en cubos y escúrralas.

Rehogue en una sartén los espárragos y las zanahorias con una pequeña nuez de mantequilla, salpimiente y añada la nata y el queso.

Golpee ligeramente con la maza los filetes de carne y écheles sal y pimienta por ambos lados.

Distribuya sobre la mitad de cada filete la mezcla preparada. A continuación, doble la carne y cierre el librito cosiendo con hilo blanco.

Pase los libritos por la harina y dórelos por ambos lados con una nuez de mantequilla.

Báñelos con el vino blanco y deje que se evapore casi por completo.

Sírvalos calientes con guarnición de verduras al gusto.

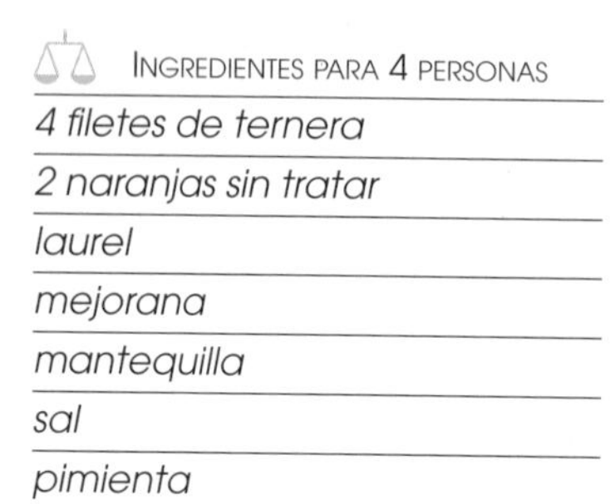

INGREDIENTES PARA 4 PERSONAS

4 filetes de ternera
2 naranjas sin tratar
laurel
mejorana
mantequilla
sal
pimienta

TIEMPO DE PREPARACIÓN
20 MINUTOS

BEBIDA RECOMENDADA
D.O. TORO TINTO

PAPILLOTES DE TERNERA

Unte con abundante mantequilla cuatro hojas de papel de horno.

Apoye sobre cada hoja un par de rodajas de naranja, un filete de carne, una hoja de laurel y una ramita de mejorana; salpimente y complete con más rodajas de naranja y una nuez de mantequilla.

Cierre bien las papillotes y métalas en el horno precalentado a 160° durante un cuarto de hora.

Acabada la cocción, sirva la ternera a la naranja en las papillotes aún cerradas.

CEBOLLAS RELLENAS DE CARNE PICADA

INGREDIENTES PARA 6 PERSONAS

- 200 g de salchichas
- 4 cebollas grandes
- 1 panecillo
- leche
- queso grana rallado
- cilantro
- comino
- aceite de oliva virgen extra
- sal
- pimienta

TIEMPO DE PREPARACIÓN
1 HORA Y 15 MINUTOS

BEBIDA RECOMENDADA
D.O. VALDEORRAS TINTO

Remoje la miga del panecillo en un poco de leche durante unos minutos.

Pele las cebollas. A continuación, échelas en agua hirviendo con sal y cuézalas durante 10 minutos.

Escúrralas con la espumadera; córtelas por la mitad y extraiga la parte interna, formando una pequeña cavidad. Pique la pulpa de cebolla y añada la carne picada, la miga escurrida, una pizca de cilantro, una de comino, dos cucharadas de queso rallado, sal y pimienta. Con la mezcla rellene las cebollas. Unte con aceite una fuente de horno y vierta en ella medio vaso de agua; disponga las cebollas rellenas y hornéelas a 160° durante tres cuartos de hora.

Dispóngalas en una fuente y sírvalas calientes.

CONEJO CON PIÑONES

INGREDIENTES PARA 4 PERSONAS

1 conejo
5 tomates
2 dientes de ajo
laurel
romero
salvia
piñones
nuez moscada
vino blanco
aceite de oliva virgen extra
sal

TIEMPO DE PREPARACIÓN
1 HORA

BEBIDA RECOMENDADA
D.O. AMPURDÁN-COSTA BRAVA TINTO

Trocee el conejo, lávelo bien y séquelo. Sofría en una cazuela tres cucharadas de aceite, tres hojas de laurel, dos hojas de salvia, una ramita de romero y dos dientes de ajo.

Añada los pedazos de conejo y dórelos por todos los lados.

Salpimente y añada un poco de nuez moscada rallada.

Bañe con un vaso de vino blanco y deje que se evapore.

Incorpore los tomates en pedacitos y un par de cucharadas de piñones.

Tape el recipiente y cueza durante 40 minutos, aproximadamente.

Coloque los trozos de conejo en una fuente de servir y báñelos con el fondo de cocción.

CONEJO CON BACON

INGREDIENTES PARA 4 PERSONAS

- *4 muslos de conejo*
- *100 g de bacon*
- *2,5 dl de caldo vegetal*
- *8 cebollitas nuevas*
- *setas secas*
- *vino blanco*
- *harina*
- *aceite de oliva virgen extra*
- *sal*
- *pimienta*

TIEMPO DE PREPARACIÓN
50 MINUTOS

BEBIDA RECOMENDADA
D.O. ALMANSA TINTO

En una cazuela llana dore el bacon cortado en cuadrados; añada luego el conejo, dórelo también y salpiméntelo. Bañe la carne con vino blanco y espolvoree una cucharada de harina, mezclándola bien para amalgamarla; añada el caldo, las setas remojadas y escurridas y las cebollitas peladas y lavadas. Termine la cocción a fuego moderado y con el recipiente tapado, removiendo de vez en cuando.

Sírvalo caliente.

Dorar la carne

El dorado es una operación muy importante para la correcta cocción porque provoca la formación de una corteza superficial que impide la pérdida de los jugos que dan suavidad y sabor a la carne.
El aceite (o la mantequilla) debe estar bien caliente pero no humear. El recipiente de cocción debe ser del tamaño adecuado para que los trozos de carne no queden demasiado apretados y, a ser posible, de bordes más bien bajos para facilitar la circulación del aire caliente y evitar el estancamiento de humedad.
La carne debe estar perfectamente seca y se debe evitar pincharla con tenedores o similares.

CONEJO CON VERDURAS

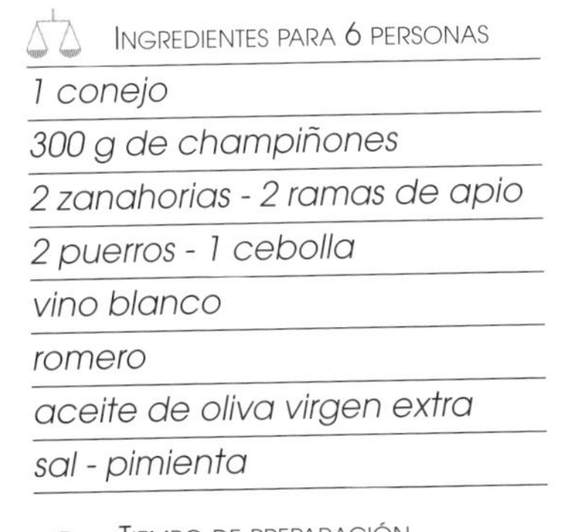

INGREDIENTES PARA 6 PERSONAS

- *1 conejo*
- *300 g de champiñones*
- *2 zanahorias - 2 ramas de apio*
- *2 puerros - 1 cebolla*
- *vino blanco*
- *romero*
- *aceite de oliva virgen extra*
- *sal - pimienta*

TIEMPO DE PREPARACIÓN
2 HORAS

BEBIDA RECOMENDADA
D.O. CAMPO DE BORJA TINTO

Limpie el conejo, lávelo, trocéelo y séquelo.

Dórelo en el aceite, junto con la cebolla picada, durante 5 minutos a fuego vivo.

Añada las zanahorias, los puerros y el apio cortados en pedacitos.

Bañe con un vaso de vino blanco. Salpimente.

Espolvoree el romero y prosiga la cocción a fuego lento durante una hora.

Limpie los champiñones, filetéelos y añádalos al conejo. Prosiga la cocción durante media hora más.

INGREDIENTES PARA 4 PERSONAS

1 conejo
100 g de panceta en una sola loncha
2 huevos - 2 dientes de ajo
1 cebolla - 1 limón
caldo
vino blanco - vino dulce
laurel - perejil
sal - pimienta en grano

TIEMPO DE PREPARACIÓN
1 HORA Y 20 MINUTOS + 12 HORAS PARA EL ADOBO

BEBIDA RECOMENDADA
D.O. JUMILLA TINTO

CONEJO EN PEPITORIA

Limpie el conejo y quítele las vísceras; lávelo, trocéelo y póngalo en adobo en un cuenco con un vaso de vino blanco mezclado con unas gotas de vino dulce, la cebolla y el ajo cortado en rodajas, una hoja de laurel, sal y pimienta en grano. Añada agua fría hasta cubrirlo y déjelo reposar durante 12 horas.

Escúrralo y póngalo en una sartén con la panceta cortada en cubos. Deje que suelte toda el agua y prosiga la cocción hasta que esta se evapore y quede el conejo tierno. Seguidamente, trasládelo a una fuente de servir y manténgalo caliente.

En la misma sartén, pero con el fuego apagado, junte los huevos batidos, el zumo de limón y el perejil, mezclándolos deprisa. Sazone y añada unas cucharadas de caldo caliente.

Viértalo sobre el conejo y sírvalo caliente.

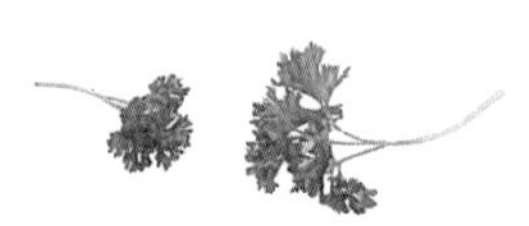

Adobar y descongelar

La carne congelada puede ponerse en adobo para los platos que lo requieren, incluso durante la fase de descongelación en la nevera.

INGREDIENTES PARA 4 PERSONAS

1 espaldita de cordero de unos 800 g
2 limones
romero
aceite de oliva virgen extra
sal
pimienta

TIEMPO DE PREPARACIÓN
2 HORAS

BEBIDA RECOMENDADA
D.O. RIOJA ALAVESA TINTO

ESPALDITA DE CORDERO AL LIMÓN

Frote la espaldita con romero, sal y abundante pimienta, y dórela en una cazuela llana a fuego vivo con un poco de aceite.

Dispóngala en una fuente de horno sobre una hoja de papel de horno y cúbrala con rodajas de limón.

Cierre la papillote y hornee a 180° durante 1 hora y 20 minutos.

Sáquela del horno y déjela reposar durante un cuarto de hora antes de cortarla en filetes.

Sírvala bañada con el líquido de la cocción.

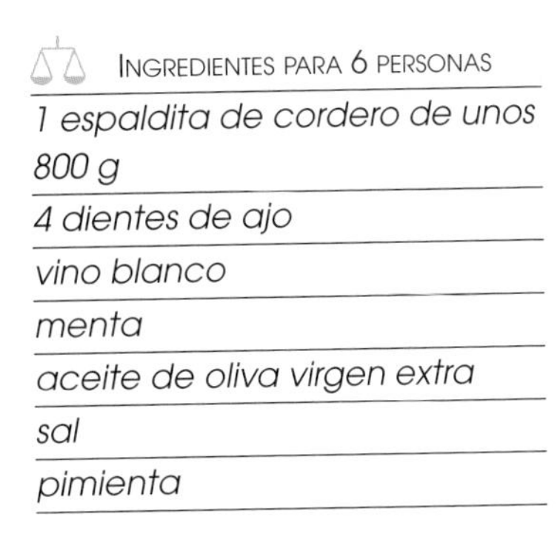

INGREDIENTES PARA 6 PERSONAS

- *1 espaldita de cordero de unos 800 g*
- *4 dientes de ajo*
- *vino blanco*
- *menta*
- *aceite de oliva virgen extra*
- *sal*
- *pimienta*

TIEMPO DE PREPARACIÓN
2 HORAS

BEBIDA RECOMENDADA
D.O. RUEDA SUPERIOR

ESPALDITA DE CORDERO A LA MENTA

Frote la carne con sal y pimienta, después proceda a lardear el ajo cortado en rodajitas y ponga la espaldita en una fuente de horno ligeramente engrasada. Hornee a 200° durante 20 minutos, dándole la vuelta un par de veces para que se dore bien por todos los lados.

Baje la temperatura a 180°, incorpore dos vasos de vino blanco y añada un puñado de hojas de menta. Hornee durante una hora y media.

Saque el cordero del horno, trasládelo a la fuente de servir y manténgalo caliente.

Elimine la grasa sobrante, cuele el líquido de cocción y espéselo al fuego durante unos minutos añadiendo una cucharada de harina.

Eche la salsa sobre el cordero y sírvalo caliente.

La cocción en el horno

Las grandes piezas de carne, para ser asadas en el horno, necesitan una temperatura elevada durante los primeros 10-15 minutos, permitiendo así la formación de un dorado superficial.
Luego debe bajarse la temperatura del horno para proseguir y finalizar la cocción.
Una alternativa puede ser efectuar el dorado en la sartén y, sólo después, disponer la carne en el horno a la temperatura de cocción.

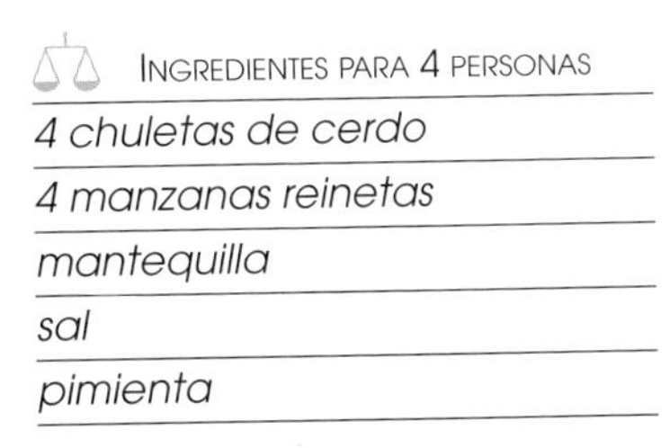

INGREDIENTES PARA 4 PERSONAS

- *4 chuletas de cerdo*
- *4 manzanas reinetas*
- *mantequilla*
- *sal*
- *pimienta*

TIEMPO DE PREPARACIÓN
1 HORA

BEBIDA RECOMENDADA
D.O. PENEDÈS VINO DE AGUJA

CHULETAS DE CERDO CON MANZANAS

Pele las manzanas, córtelas en medias lunas y rehóguelas en una cacerola grande con un poco de mantequilla y agua. Tape y cueza durante media hora hasta que estén muy tiernas.

Mientras tanto, aplane las chuletas, salpiméntelas y dórelas por ambos lados con un poco de mantequilla.

Elimine la grasa sobrante, añada las manzanas y rehogue durante unos minutos.

Sírvalo caliente.

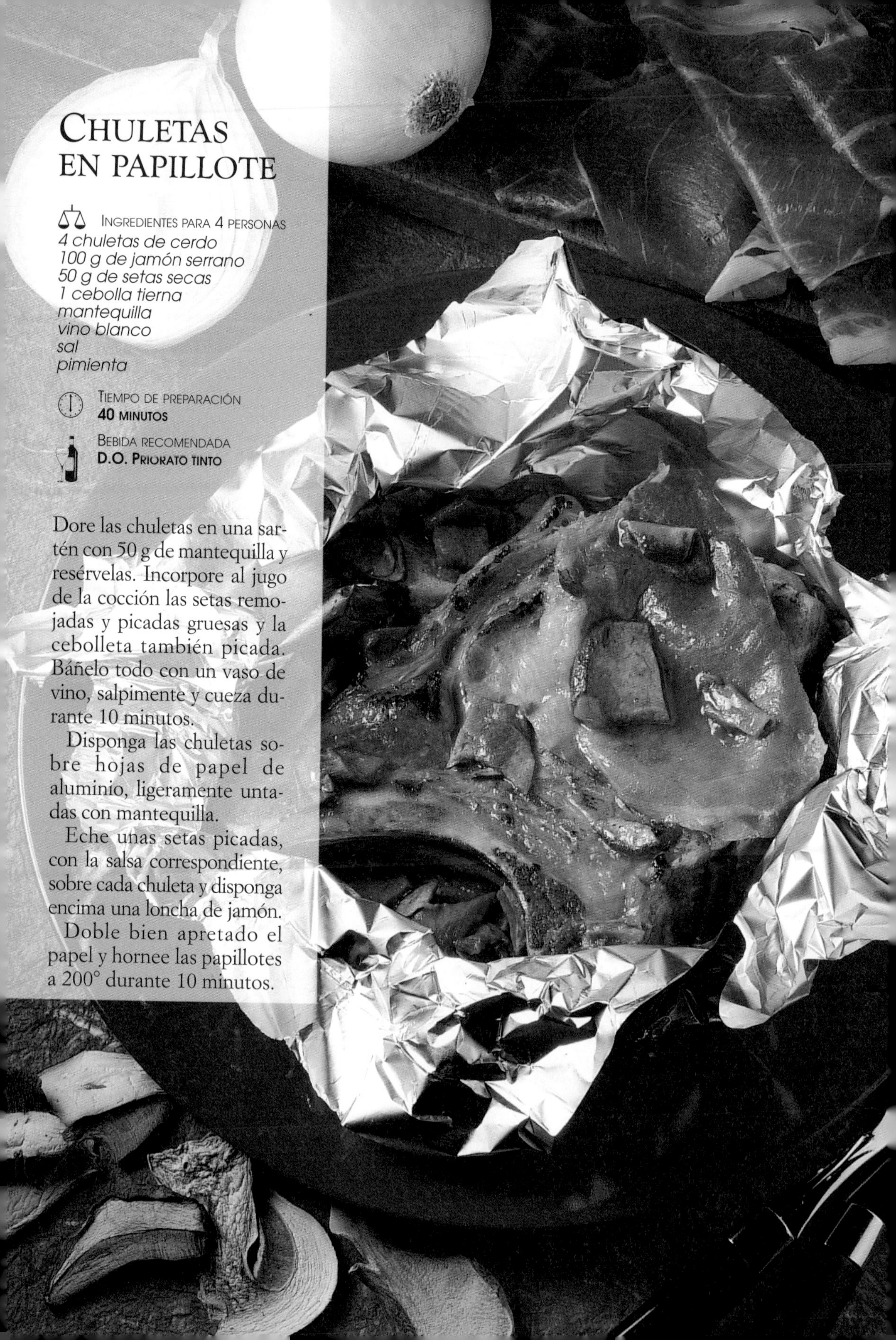

CHULETAS EN PAPILLOTE

INGREDIENTES PARA 4 PERSONAS
4 chuletas de cerdo
100 g de jamón serrano
50 g de setas secas
1 cebolla tierna
mantequilla
vino blanco
sal
pimienta

TIEMPO DE PREPARACIÓN
40 MINUTOS

BEBIDA RECOMENDADA
D.O. PRIORATO TINTO

Dore las chuletas en una sartén con 50 g de mantequilla y resérvelas. Incorpore al jugo de la cocción las setas remojadas y picadas gruesas y la cebolleta también picada. Báñelo todo con un vaso de vino, salpimente y cueza durante 10 minutos.

Disponga las chuletas sobre hojas de papel de aluminio, ligeramente untadas con mantequilla.

Eche unas setas picadas, con la salsa correspondiente, sobre cada chuleta y disponga encima una loncha de jamón.

Doble bien apretado el papel y hornee las papillotes a 200° durante 10 minutos.

INGREDIENTES PARA 4 PERSONAS

1 kg de patatas
400 g de carne de vaca picada
50 g de aceitunas negras deshuesadas
25 g de panceta
5 dl de leche
5 huevos
1 cebolla
mantequilla - perejil
nuez moscada
pan rallado
vino blanco
sal - pimienta

TIEMPO DE PREPARACIÓN
1 HORA Y 40 MINUTOS

BEBIDA RECOMENDADA
D.O. RIBERA DEL DUERO TINTO

PASTEL DE PATATAS Y CARNE

Hierva las patatas en agua con sal durante 25 minutos. Escúrralas, pélelas y aplástelas en una cazuela llana. Para lograr la textura firme de un puré, mézclelas con mantequilla, añada leche, sal y nuez moscada y cuézalas unos 10 minutos. Cuando el puré esté muy firme, retírelo del fuego, añada dos yemas batidas y una pizca de pimienta. En una sartén sofría, con una nuez de mantequilla, la cebolla, la panceta y un poco de perejil picados. A continuación, añada la carne picada y báñelo todo con un chorrito de vino blanco. Cuando se haya evaporado, incorpore las aceitunas, salpimente y prosiga la cocción durante 10 minutos. Retírelo del fuego y deje que se enfríe un poco. Cueza dos huevos, durante 10 minutos, y deje que se enfríen. Engrase un molde redondo y espolvoréelo con el pan rallado. Con las tres cuartas partes del puré, forre el molde y ponga el resto en una manga pastelera. Pele y corte en rodajas los huevos duros. Colóquelos sobre la capa de puré, añada la carne y decore en forma de retícula con la manga pastelera. Pinte el pastel con un huevo batido y hornéelo a 180° durante media hora.

INGREDIENTES PARA 4 PERSONAS

- *2 solomillos de cerdo en ocho trozos*
- *250 g de masa de hojaldre*
- *150 g de manzanas*
- *100 g de nata montada*
- *1 huevo*
- *confitura de níspero*
- *salvia*
- *aceite de oliva virgen extra*
- *sal - pimienta*

TIEMPO DE PREPARACIÓN
1 HORA

BEBIDA RECOMENDADA
D.O. PRIORATO BLANCO

HATILLOS DE CERDO

Funda una nuez de mantequilla en una cazuela llana y sofría la carne durante 1 minuto. A continuación, escúrrala y déjela enfriar. En un recipiente junte la nata y las manzanas peladas y troceadas. Extienda la masa bastante fina y recorte ocho cuadrados de unos 10 cm. Extienda sobre cada cuadrado una cucharada de manzanas con nata, un trozo de cerdo, una hoja de salvia y una cucharada de confitura de níspero. Pinte los bordes de la masa con el huevo batido, dóblela y selle los hatillos. Seguidamente, átelos con los recortes de masa. Pinte bien los hatillos con el huevo y colóquelos en una placa de horno recubierta de papel de aluminio, ligeramente untado con aceite. Introdúzcala en el horno precalentado a 200° durante media hora. Sáquela del horno y sirva los hatillos de inmediato.

HATILLOS DE TERNERA CON VERDURAS

INGREDIENTES PARA 4 PERSONAS

4 filetes de ternera
4 lonchas de queso fundido
3 zanahorias - 3 calabacines
2 tomates
harina
vino blanco
aceite de oliva virgen extra
sal - pimienta

TIEMPO DE PREPARACIÓN
50 MINUTOS

BEBIDA RECOMENDADA
D.O. SOMONTANO TINTO

Limpie las verduras y, a continuación, córtelas en dados reservando los tomates.

Saltee las zanahorias y los calabacines en una sartén con dos cucharadas de aceite. Báñelos con un poco de agua y cuézalos durante un cuarto de hora aproximadamente. Añada los tomates, salpimente y continúe la cocción durante 5 minutos más. Golpee con la maza los filetes de ternera, salpiméntelos por ambos lados y cúbralos con una parte de las verduras y una loncha de queso fundido por cada filete.

Cierre los filetes de carne en forma de cartera y sujételos con palillos.

Enharine los hatillos y sofríalos por ambos lados durante 10 minutos en cuatro cucharadas de aceite.

Báñelos con el vino blanco y deje que se evapore.

Añada el resto de las verduras y prosiga la cocción durante 10 minutos. Échelo todo en una fuente y sírvalo.

INGREDIENTES PARA 4 PERSONAS

1 pintada (con el hígado)
3 higadillos de pollo
50 g de tocino
5 dl de caldo
1 cebolla
1 diente de ajo
harina
vino blanco seco
salvia
romero
mejorana
aceite de oliva virgen extra
sal
pimienta

TIEMPO DE PREPARACIÓN
1 HORA

BEBIDA RECOMENDADA
D.O. RUEDA ESPUMOSO

PINTADA CON HIGADILLOS

Ponga en una cacerola un hilo de aceite, el ajo y la cebolla picados, el tocino en cubos, una ramita de romero y dos hojas de salvia, y sofríalo todo.

Lave la pintada, séquela y córtela en pedazos. A continuación, enharine los trozos de carne y dórelos en la cacerola. Salpimente, añada una pizca de mejorana y un vaso de vino. Deje que se evapore, vierta el caldo y añada el hígado de la pintada y los higadillos troceados. Tape la cacerola y cueza a fuego moderado durante 40 minutos, removiendo de vez en cuando.

Sirva el plato caliente, una vez haya eliminado la salvia y el romero.

INGREDIENTES PARA 4 PERSONAS

1 pintada
150 g de panceta en lonchas gruesas
150 g de champiñones
5 dl de vino blanco
6 cebollas tiernas pequeñas
3 cebollas
1 diente de ajo
coñac
mantequilla
harina
laurel
sal
pimienta

TIEMPO DE PREPARACIÓN
1 HORA Y 20 MINUTOS

BEBIDA RECOMENDADA
D.O. VALDEPEÑAS BLANCO

PINTADA AL VINO

En una cazuela llana sofría la cebolla y el ajo picados con un poquito de mantequilla y las lonchas de panceta.

Coloque en el sofrito la pintada lavada y entera pero sin las vísceras; salpiméntela y dórela por todas partes. Añada una hoja de laurel, bañe la carne con medio litro de vino blanco y cueza a fuego lento durante 1 hora y 10 minutos, aproximadamente, dándole la vuelta a menudo y bañándola con el fondo de cocción.

A media cocción incorpore los champiñones limpios y cortados por la mitad y las cebollas tiernas enteras.

Acabada la cocción, corte la pintada en pedazos y dispóngalos en una fuente de servir con los champiñones, la panceta y las cebollas tiernas por encima.

Añada al fondo de cocción unas cucharadas de agua caliente y un chorrito de coñac. Disuelva en el caldo dos cucharadas de harina para espesarlo y caliéntelo al fuego removiendo y, a continuación, vierta la salsa sobre la pintada y las verduras.

INGREDIENTES PARA 4 PERSONAS

1 pintada
300 g de uva blanca
vino blanco
caldo de carne
harina
tomillo
mantequilla
aceite de oliva virgen extra
sal
pimienta

TIEMPO DE PREPARACIÓN
1 HORA Y 15 MINUTOS

BEBIDA RECOMENDADA
D.O. UTIEL-REQUENA TINTO

PINTADA CON UVA BLANCA

Limpie la pintada, trocéela y lávela. Dórela en una cazuela llana con un poco de aceite; salpiméntela y báñela con un vaso de vino.

Deje que se evapore, añada una pizca de tomillo y un cazo de caldo, y cueza durante tres cuartos de hora añadiendo un poco más de caldo si es necesario.

Mientras tanto, exprima los granos de uva, reservando algunos, y recoja su zumo.

Saque la pintada de la cazuela y añada al jugo de cocción una nuez de mantequilla y una cucharada de harina. Mezcle bien.

Incorpore también el zumo de uva y devuelva a la cazuela la pintada y los granos de uva enteros.

Cuézala durante 20 minutos a fuego lento y sírvala caliente.

INGREDIENTES PARA 4 PERSONAS

1 pintada
10 ciruelas secas
2 zanahorias
1 cebolla
1 rama de apio
caldo
piñones
almendras peladas
aceite de oliva virgen extra
sal
pimienta

TIEMPO DE PREPARACIÓN
1 HORA Y 40 MINUTOS

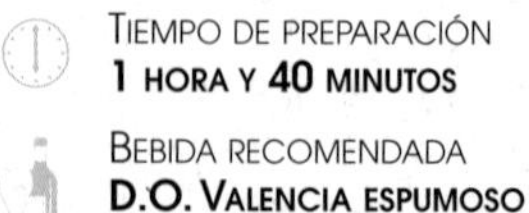

BEBIDA RECOMENDADA
D.O. VALENCIA ESPUMOSO

PINTADA CON FRUTOS SECOS

Quítele las vísceras a la pintada, lávela, séquela y luego córtela en cuatro trozos.

Póngala en una fuente de horno con un poco de aceite, las zanahorias, la cebolla, el apio y una cucharada de almendras picadas, una cucharada de piñones, las ciruelas deshuesadas en pedacitos, sal y pimienta.

Introduzca el recipiente en el horno, precalentado a 180° durante una hora y media, aproximadamente.

Bañe la pintada de vez en cuando con unas cucharadas de caldo y con el fondo de cocción.

En cuanto la carne esté asada, sáquela del horno, colóquela en una fuente de servir y vierta por encima su jugo.

Sírvala enseguida.

PINTADA EN PEPITORIA

INGREDIENTES PARA 4 PERSONAS

- *1 pintada*
- *1 huevo*
- *1 limón*
- *setas secas*
- *harina*
- *aceite de oliva virgen extra*
- *sal*
- *pimienta*

TIEMPO DE PREPARACIÓN
1 HORA

BEBIDA RECOMENDADA
D.O. ALELLA BLANCO

Limpie la pintada, quítele las vísceras y córtela en trozos. Enharínelos y dórelos en una cazuela llana con un poco de aceite.

Añada un puñado de setas remojadas junto con su agua y cueza a fuego moderado durante 40 minutos.

Alargue el fondo de cocción con un poco de agua y el zumo de limón. Añada el huevo batido.

Sazone y sirva caliente.

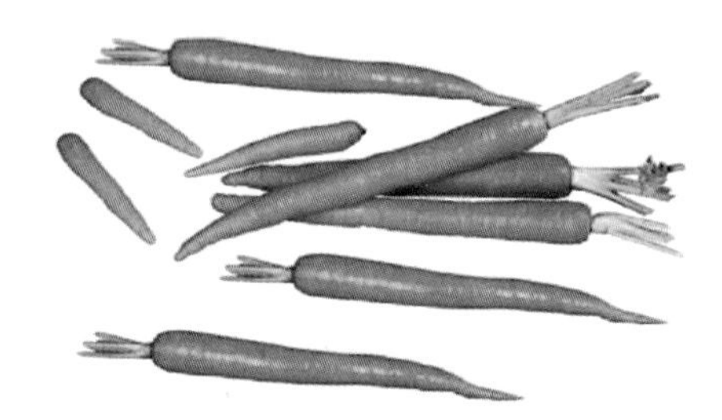

PINTADA EN SALMOREJO

INGREDIENTES PARA 4 PERSONAS

- *1 pintada*
- *100 g de bacon en lonchas gruesas*
- *2 dl de caldo vegetal*
- *2 ramas de apio*
- *1 zanahoria*
- *1 cebolla*
- *vino blanco*
- *vino dulce*
- *harina*
- *mantequilla*
- *aceite de oliva virgen extra*
- *sal*
- *pimienta*

TIEMPO DE PREPARACIÓN
2 HORAS

BEBIDA RECOMENDADA
D.O. CONCA DE BARBERÀ ESPUMOSO

Limpie la pintada, quítele las vísceras, lávela, séquela y dórela de manera uniforme en una cacerola grande con un poco de aceite.

Añada las verduras cortadas, sazone y rehogue durante 10 minutos. A continuación, añada el bacon cortado en cubos y sofría durante 10 minutos más.

Bañe la pintada con un vaso de vino blanco y un chorrito de vino dulce, deje que se evapore y añada el caldo. Cueza con la cacerola tapada y a fuego moderado durante una hora y media, dando la vuelta de vez en cuando a la pintada y bañándola con el jugo de cocción.

Acabada la cocción, saque la carne de la cazuela, trocéela, dispóngala en un cuenco y manténgala caliente.

Cuele el líquido de cocción con las verduras, devuélvalo a la cazuela y deje que espese al fuego añadiendo una pequeña nuez de mantequilla amalgamada con una cucharada de harina. Mézclelo bien y échelo sobre la pintada.

Sírvala acompañada de puré de patatas.

INGREDIENTES PARA 4 PERSONAS

4 filetes de ternera
4 cebollas pequeñas
2 tomates
2 pimientos verdes
leche
mantequilla
pimentón dulce
sal

TIEMPO DE PREPARACIÓN
40 MINUTOS

BEBIDA RECOMENDADA
D.O. COSTERS DEL SEGRE ESPUMOSO

FILETES DE TERNERA CON VERDURAS

Limpie los tomates y pimientos y córtelos en cuadrados; corte en rodajas las cebollas y sofríalo todo con un poco de mantequilla. Añada los filetes de carne y deles luego una vuelta. Vierta la leche, espolvoree con pimentón, sazone y cueza durante un cuarto de hora.

Sirva los filetes bien calientes, cubiertos con su fondo de cocción.

Cocción de filetes, bistecs, costillas y chuletas

A los filetes y a los bistecs de carne fritos, a la brasa o a la parrilla se les debe dar una sola vuelta durante la cocción. En los bordes de grasa de los filetes, de las costillas o de las chuletas, es necesario practicar una incisión con un cuchillo durante la preparación para evitar que la carne se deforme durante la cocción.

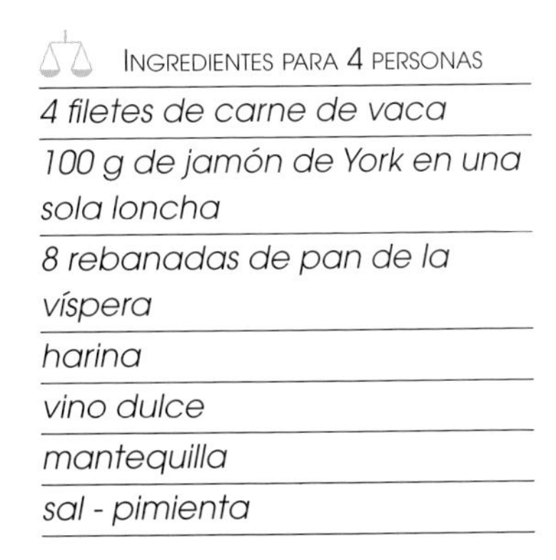

INGREDIENTES PARA 4 PERSONAS

4 filetes de carne de vaca
100 g de jamón de York en una sola loncha
8 rebanadas de pan de la víspera
harina
vino dulce
mantequilla
sal - pimienta

TIEMPO DE PREPARACIÓN
30 MINUTOS

BEBIDA RECOMENDADA
D.O. MONDÉJAR TINTO

FILETES AL HORNO

Corte en cubos el jamón de York y tueste ligeramente el pan en el horno.

Enharine los filetes de carne.

Funda una nuez de mantequilla en una sartén y sofría a fuego no demasiado vivo los filetes por ambos lados durante un par de minutos. Salpimente y añada un chorrito de vino dulce.

Suba el fuego y deje que se evapore el vino.

Disponga los filetes de carne en una fuente de horno, alternados y ligeramente superpuestos con las rebanadas de pan. Eche por encima el jamón.

Añadiendo una cucharada de agua caliente, desprenda el fondo de cocción de la carne y viértalo encima de los filetes. Cubra con unas nueces de mantequilla y hornee a 180° durante 10 minutos.

INGREDIENTES PARA 4 PERSONAS

4 filetes gruesos de solomillo de vaca

30 g de pistachos pelados

harina

aceite de oliva virgen extra

sal - pimienta

TIEMPO DE PREPARACIÓN
15 MINUTOS

BEBIDA RECOMENDADA
D.O. NAVARRA TINTO

SOLOMILLO CON PISTACHOS

Enharine la carne y dórela con un poco de aceite a fuego vivo durante 5 minutos, por cada lado, con sal, pimienta y los pistachos picados.

Sirva caliente.

INGREDIENTES PARA 4 PERSONAS

4 filetes de solomillo de ternera

mostaza - salsa worcester

romero

aceite de oliva virgen extra

TIEMPO DE PREPARACIÓN
30 MINUTOS

BEBIDA RECOMENDADA
D.O. PENEDÈS ESPUMOSO

SOLOMILLO CON MOSTAZA

Dore la carne con un poco de aceite y romero, añada tres cucharaditas de mostaza y unas gotas de salsa worcester. Ligue bien la salsa y rehogue la carne.

Sírvala enseguida.

INGREDIENTES PARA 4 PERSONAS

4 filetes gruesos de solomillo de vaca

50 g de gorgonzola picante

1 limón

cebollino - perejil - mejorana

aceite de oliva virgen extra

mantequilla - sal - pimienta

TIEMPO DE PREPARACIÓN
20 MINUTOS

BEBIDA RECOMENDADA
D.O. RÍAS BAIXAS TINTO

SOLOMILLO RELLENO CON HIERBAS

Pique un puñado de hierbas aromáticas, amalgame la picada con un poco de mantequilla, forme un cilindro y deje que se endurezca en la nevera durante un cuarto de hora, envuelto en film transparente. Practique un corte en cada filete de carne y rellénelo con hierbas y gorgonzola. Dore los filetes a fuego vivo durante 3 minutos por cada lado. Saque la mantequilla de la nevera y córtela en rodajas. Sirva decorando con rodajas de limón y la mantequilla aromatizada.

SOLOMILLO SALTEADO CON CALABAZA Y NABOS

INGREDIENTES PARA 4 PERSONAS

600 g de solomillo de ternera
350 g de calabaza
250 g de nabos
3 dl de caldo vegetal
1 diente de ajo
estragón - harina de maíz
vinagre de vino blanco
aceite de oliva virgen extra
sal - pimienta

TIEMPO DE PREPARACIÓN
25 MINUTOS

BEBIDA RECOMENDADA
D.O. RIBEIRO BLANCO

En una cacerola ponga a hervir suavemente el caldo vegetal y coloque la cesta para la cocción al vapor. Cueza primero los nabos, pelados y cortados en rodajas, durante 2 minutos. Luego añada la calabaza y cueza todas las verduras hasta que estén tiernas.

A continuación, trasládelas a un plato, resérvelas y conserve el líquido de cocción.

Corte el solomillo en tiras, salpiméntelo y deje que repose unos minutos.

En una sartén antiadherente caliente una cucharada de aceite y dore la carne, removiendo con frecuencia. Al cabo de 2 minutos, traslade la carne a un plato y manténgala caliente. Añada al fondo de cocción un poco más de aceite, el ajo picado y las verduras cocidas.

Cueza durante 3 minutos, removiendo a menudo. Añada el solomillo, bañe con el caldo y lleve a ebullición. Incorpore una cucharada de vinagre y una de harina de maíz. Deje que espese la salsa. Échele el estragón por encima y sírvalo.

GALLITOS CON MANZANAS, POMELO Y GROSELLAS

INGREDIENTES PARA 4 PERSONAS

2 gallitos
4 manzanas verdes pequeñas
1 pomelo
1 cestita de grosellas
1 cebolla
cebollino
aceite de oliva virgen extra
sal
pimienta

TIEMPO DE PREPARACIÓN
50 MINUTOS

BEBIDA RECOMENDADA
D.O. UTIEL-REQUENA ESPUMOSO

Limpie, lave y seque los gallitos. Luego córtelos en cuatro trozos.

Corte por la mitad las manzanas, pique la cebolla y dórela despacio en una sartén con el aceite. Añádale las manzanas y rehóguelas durante unos minutos.

Añada a la sartén los gallitos, salpimente y cueza a fuego lento durante media hora aproximadamente.

Pele los gajos de pomelo, reservando el jugo que se forme; incorpórelos con su jugo y las grosellas desgranadas a la cazuela y prosiga la cocción durante al menos 5 minutos más.

Disponga los gallitos en una fuente, espolvoréelos con cebollino picado y sírvalos, echándoles por encima el fondo de cocción y la fruta.

GULASH

INGREDIENTES PARA 4 PERSONAS

800 g de carne de vaca
(espalda o lomo)
300 g de puré de tomate
2 cebollas - 2 zanahorias
1 tomate
vino blanco
pimentón dulce
semillas de comino - mejorana
aceite de oliva virgen extra - sal

TIEMPO DE PREPARACIÓN
1 HORA Y 20 MINUTOS

BEBIDA RECOMENDADA
CERVEZA RUBIA FUERTE

Lave la carne, séquela y córtela para estofado.

En una sartén con aceite, dore las cebollas y las zanahorias picadas finas. A continuación, añada la carne y sofríala durante 5 minutos más a fuego vivo.

Baje el fuego y condiméntelo todo con pimentón, sal, comino y una ramita de mejorana, mezclando bien. Bañe con medio vaso de vino blanco, deje que se evapore y añada el puré de tomate. Continúe la cocción durante una hora, aproximadamente, a fuego moderado.

HAMBURGUESAS PICANTES

INGREDIENTES PARA 4 PERSONAS

600 g de carne picada
2,5 dl de leche
3 dientes de ajo
1 guindilla
1 cebolla
1 huevo
1 pepino pequeño
harina
laurel
perejil
cebollino
mantequilla
aceite de oliva virgen extra
sal

TIEMPO DE PREPARACIÓN
45 MINUTOS

BEBIDA RECOMENDADA
D.O. VALLE DE LA OROTAVA TINTO

En una cacerola, caliente la leche y añádale una rodaja de cebolla, dos dientes de ajo y un poco de perejil picados, así como una hoja de laurel. Cueza durante unos minutos.

Mientras tanto, en otra cacerola funda una nuez de mantequilla y dos cucharadas rasas de harina, cueza durante unos minutos sin dejar de remover y sazone. Cuele la leche y viértala en la cacerola en la que se encuentra la harina, mezcle bien y cueza a fuego lento hasta que espese la salsa.

Retire del fuego y añada una cucharada de salsa al huevo batido. A continuación, viértalo todo en el resto de la salsa. Añada el pepino cortado en cuatro trozos y luego en rodajas muy finas, y el cebollino picado. Siga cociéndolo durante 2 minutos y échelo en una salsera.

Con la carne picada, la guindilla y un diente de ajo picados prepare las hamburguesas, hágalas en la sartén o a la plancha y sírvalas de inmediato, acompañadas de la salsa.

ENSALADA DE POLLO

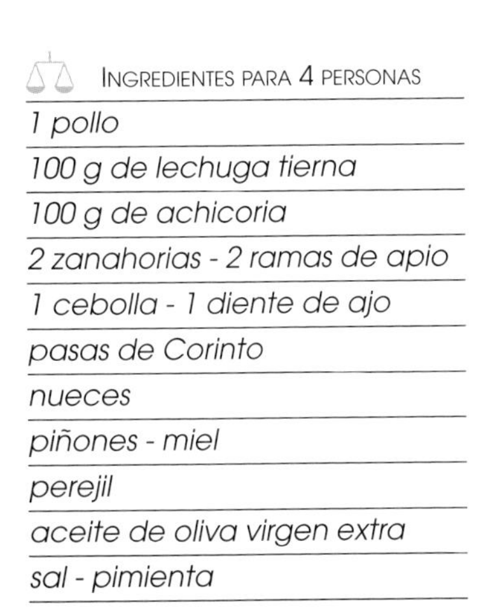

INGREDIENTES PARA 4 PERSONAS

1 pollo
100 g de lechuga tierna
100 g de achicoria
2 zanahorias - 2 ramas de apio
1 cebolla - 1 diente de ajo
pasas de Corinto
nueces
piñones - miel
perejil
aceite de oliva virgen extra
sal - pimienta

TIEMPO DE PREPARACIÓN
1 HORA

BEBIDA RECOMENDADA
D.O. TXACOLÍ DE GETARIA TINTO

Hierva el pollo en abundante agua con las verduras y el perejil. Escúrralo, trocéelo y deshuéselo. Corte la carne en pedacitos.

En un cuenco grande junte las verduras de ensalada lavadas y secas, la carne, dos cucharadas de pasas de Corinto remojadas y escurridas, dos cucharadas de piñones, dos de nueces, una cucharada de miel, el zumo de limón, aceite, sal y pimienta. Mézclelo bien y sírvalo templado o frío.

La alternativa

Si quiere que la carne resulte más sabrosa, en lugar de hervir un pollo entero puede dorar en la sartén la pechuga de pollo cortada en tiras finas. La ensalada es también un excelente sistema para aprovechar sobras de carne en general: asados, escalopes, brochetas..., y será suficiente con desmenuzarlas y aliñarlas.

INGREDIENTES PARA 4 PERSONAS

- *600 g de pechuga de pollo en ocho filetes*
- *150 g de bacon*
- *150 g de setas*
- *4 zanahorias*
- *1 cebolla*
- *1 diente de ajo*
- *salsa de soja*
- *azúcar*
- *semillas de sésamo*
- *piñones*
- *salvia*
- *romero*
- *aceite de oliva virgen extra*
- *sal*
- *pimienta*

TIEMPO DE PREPARACIÓN
1 HORA

BEBIDA RECOMENDADA
D.O. CALATAYUD TINTO

ROLLITOS DE POLLO CON HIERBAS

Sobre cada filete de carne disponga dos lonchas de bacon, una hoja de salvia y un poco de romero; enrolle y ate cada rollo con hilo de cocina.

En una sartén, caliente el aceite y dore los rollitos por todas partes.

Salpimente y luego añada las zanahorias, peladas y cortadas en rodajas. Dórelo todo durante 5 minutos.

Añada las setas, mezcle y tape el recipiente. Prosiga la cocción a fuego lento.

Mientras tanto, en un cuenco junte dos cucharadas de salsa de soja, una cucharada de azúcar, la cebolla y el ajo picados, una cucharadita de semillas de sésamo, un poco de aceite, la pimienta y un poco de agua. Mezcle y échelo todo sobre los rollitos.

Siga cociendo durante 20 minutos aproximadamente, dando la vuelta de vez en cuando.

Acabada la cocción, trasládelo todo a una fuente de servir y decore con los piñones.

Puede acompañar los rollitos con arroz al vapor, mezclado con dados de calabacín y zanahoria.

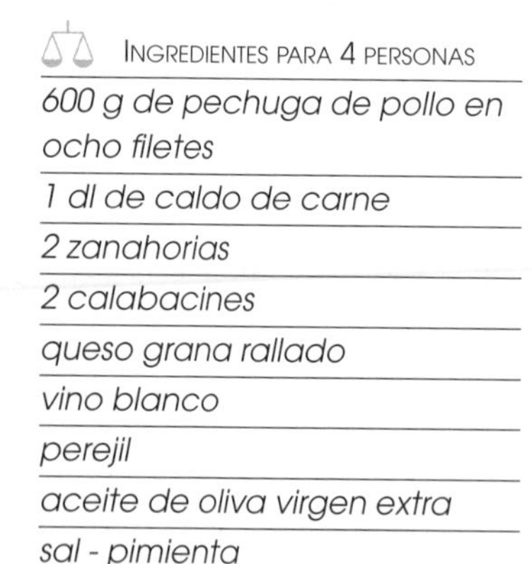

INGREDIENTES PARA 4 PERSONAS

- *600 g de pechuga de pollo en ocho filetes*
- *1 dl de caldo de carne*
- *2 zanahorias*
- *2 calabacines*
- *queso grana rallado*
- *vino blanco*
- *perejil*
- *aceite de oliva virgen extra*
- *sal - pimienta*

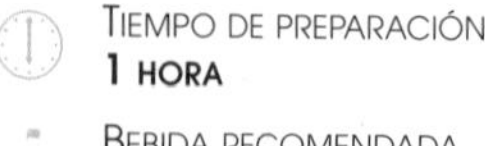

TIEMPO DE PREPARACIÓN
1 HORA

BEBIDA RECOMENDADA
D.O. CAVA SECO

ROLLITOS DE POLLO CON VERDURAS

Cueza las verduras al vapor sin que queden demasiado blandas, escúrralas y córtelas en juliana. Salpimente cada filete de carne y disponga encima de cada uno un poco de perejil picado, unos trocitos de zanahoria y calabacín y un poco de queso. Enrolle y sujete cada rollo con un palillo.

Dore con un poco de aceite a fuego vivo. A continuación, baje el fuego, eche un chorro de vino, añada el caldo y cueza durante 20 minutos aproximadamente. Sirva los rollitos calientes después de retirar con cuidado los palillos.

La alternativa

Puede preparar unos sabrosos rollitos sustituyendo las zanahorias y los calabacines por un pimiento rojo asado y cortado en tiras finas.

INGREDIENTES PARA 4 PERSONAS

600 g de tapa en filetes
3 anchoas
2 huevos
2 pepinillos en vinagre
alcaparras
vinagre
harina
pan rallado
perejil
aceite de oliva virgen extra
sal

TIEMPO DE PREPARACIÓN
30 MINUTOS

BEBIDA RECOMENDADA
D.O. EL HIERRO TINTO

TAPA EN SALSA

Pique en la batidora americana un puñado de perejil, los pepinillos, una cucharadita de alcaparras, las anchoas, un poco de aceite y de vinagre y la sal. A continuación, deje que repose la salsa.

Enharine los filetes de carne, páselos por el huevo y luego por el pan rallado y fríalos. Déjelos escurrir sobre papel absorbente.

Colóquelos en la fuente de servir y báñelos con la salsa.

Cerdo con miel

Ingredientes para 4 personas: *800 g de cerdo para estofado - 2 dl de vino blanco - 2 manzanas Granny Smith - 2 dientes de ajo - 1 cebolla - 1 cucharadita de semillas de hinojo - 1 pomelo rojo o 1 naranja - 1 cucharada de miel - salvia - romero - tomillo - mejorana - aceite de oliva virgen extra - sal - pimienta*

Tiempo de preparación
40 minutos

Bebida recomendada
D.O. Méntrida tinto

Caliente dos cucharadas de aceite en una cacerola y sofría durante unos minutos los cubos de carne con la cebolla cortada en rodajas.

Añada las hierbas aromáticas picadas, las semillas de hinojo, el ajo picado, la ralladura del pomelo con sus gajos pelados y las manzanas cortadas en medias lunas.

Báñelo todo con un vaso de vino, en el que habrá disuelto la miel y, por último, salpiméntelo. Tape la cacerola y cueza a fuego lento durante media hora.

INGREDIENTES PARA 4 PERSONAS

1 kg de lomo de cerdo en un solo trozo
1 l de vino blanco
1 envase de dulce de membrillo
miel - pan rallado - harina
laurel - romero - salvia - cebollino
aceite de oliva virgen extra
sal - pimienta

TIEMPO DE PREPARACIÓN
1 HORA Y 30 MINUTOS

BEBIDA RECOMENDADA
D.O. RIOJA ALAVESA BLANCO

CERDO ENROLLADO CON DULCE DE MEMBRILLO

Prepare un adobo mezclando en un cuenco casi todo el vino blanco, cuatro cucharaditas de miel, tres cucharadas de aceite, tres hojas de laurel, dos ramitas de romero y unas hojas de salvia. Sumerja en él la carne, tape el recipiente y déjela en un lugar fresco durante 3 horas aproximadamente. Para el relleno, ponga en una cacerola el dulce de membrillo, un chorrito de vino y una cucharada de miel, llévelo a ebullición y deje que se reduzca un poco. Añada tres cucharadas de cebollino y dos de pan rallado; salpiméntelo y deje que se enfríe. Saque la carne del adobo, séquela con papel de cocina y extienda encima el relleno. Luego enróllela y átela con hilo de cocina. Hornéela a 160° durante una hora larga, pintándola con el adobo. Saque la carne del horno, incorpore al fondo de cocción la harina y el resto del adobo y llévelo a ebullición. Tamice la salsa, échela en una salsera y sírvala con el asado, colocado en una fuente.

CERDO RELLENO CON ARROZ Y FRUTOS SECOS

INGREDIENTES PARA 4 PERSONAS

1 kg de chuletas de cerdo
150 g de nueces peladas
100 g de arroz
100 g de pasas de Corinto
2 dl de caldo de carne
8 ciruelas secas
1 cebolla - 1 limón - 1 huevo
pistachos - vino blanco
aceite de oliva virgen extra - sal

TIEMPO DE PREPARACIÓN
1 HORA Y 30 MINUTOS

BEBIDA RECOMENDADA
D.O. TERRA ALTA TINTO

Pique la cebolla y luego sofríala en una cacerola con un poco de aceite. Añada el arroz y las pasas remojadas y escurridas, y sofría durante 2 minutos. A continuación, incorpore el caldo, el zumo y la ralladura del limón; tape y cueza de manera que quede muy firme.

Pique los pistachos, las nueces y las ciruelas deshuesadas. Incorpore la picada al arroz y salpimente. Deje que se enfríe, añádale el huevo batido y mézclelo todo muy bien.

Corte la chuleta formando en el interior una bolsa grande y llénela con el relleno de arroz. Cosa la abertura con hilo blanco.

Coloque la pieza así rellena en una fuente de horno engrasada y rocíela con un poco de aceite, salpimente y dore a 200° durante 10-15 minutos. Baje la temperatura a 160°; bañe con medio vaso de vino blanco y ase durante una hora aproximadamente. Deje que repose tapada durante 10 minutos; espere a que se enfríe un poco y sírvala en rodajas.

INGREDIENTES PARA 4 PERSONAS

- 800 g de brazuelo de cerdo deshuesado
- 100 g de salchichas
- 2 dl de leche
- 3 huevos duros - 2 panecillos
- 2 zanahorias
- 1 cebolla - 1 escalonia
- 1 puñado de hierbas aromáticas (tomillo, orégano, mejorana y romero)
- vino blanco - laurel
- aceite de oliva virgen extra
- sal - pimienta

TIEMPO DE PREPARACIÓN
1 HORA Y 50 MINUTOS

BEBIDA RECOMENDADA
D.O. TORO BLANCO

CERDO RELLENO CON HIERBAS AROMÁTICAS

Vacíe la miga de los panecillos y póngala en remojo con la leche. Pele las salchichas, desmenúcelas y añádalas a la miga de pan escurrida, los huevos duros troceados y las hierbas picadas; salpimente. Mézclelo todo bien y, si la mezcla quedase demasiado dura, añada unas cucharadas de leche. Practique un corte en el centro del brazuelo e introduzca el relleno. Cosa la abertura con hilo de cocina y luego dore la carne en una olla con el aceite. Añada la cebolla y la escalonia cortadas en rodajas junto con las zanahorias y una hoja de laurel. Cuando la carne esté dorada, vierta un vaso de vino blanco. Deje que se evapore y añada un par de cazos de agua caliente. Tape y deje cocer a fuego lento durante una hora y media.

CERDO AGRIDULCE

INGREDIENTES PARA 4 PERSONAS

- *800 g de chuletas de cerdo*
- *3 pimientos rojos*
- *2 cebollas*
- *1 piña*
- *vinagre de vino tinto*
- *salsa de soja*
- *azúcar*
- *harina de maíz*
- *harina*
- *aceite de oliva virgen extra*
- *sal*

TIEMPO DE PREPARACIÓN
50 MINUTOS

BEBIDA RECOMENDADA
D.O. TXACOLÍ DE BIZKAIA TINTO

Pele la piña, conservando el zumo, y córtela en rodajas. Prepare la salsa batiendo en la batidora americana dos cucharadas de harina de maíz disueltas en medio vaso de agua, cuatro cucharadas de vinagre, cuatro de zumo de piña, cuatro de salsa de soja y otras tantas de azúcar. Eche la mezcla en una cacerola, ligeramente untada de aceite, y deje que se reduzca a fuego moderado.

Corte la carne en trozos no demasiado pequeños (2 o 3 cm), enharínelos y sazónelos.

En una sartén antiadherente dore bien la carne. Luego póngala en un plato y resérvela caliente. En la misma sartén dore las cebollas cortadas en rodajas y los pimientos en tiras. Ponga cuatro rodajas de piña, bien escurridas y cortadas en cubos, y la salsa agridulce. Amalgame bien todos los ingredientes y a continuación añada el cerdo.

Mezcle a fuego vivo y sirva bien caliente.

Un consejo más

Este plato, típicamente oriental, se acompaña de arroz hervido muy firme.

COSTILLAS CON NATA

INGREDIENTES PARA 4 PERSONAS

- *4 costillas de ternera*
- *200 g de nata*
- *1 limón*
- *aceite de oliva virgen extra*
- *sal*
- *pimienta*

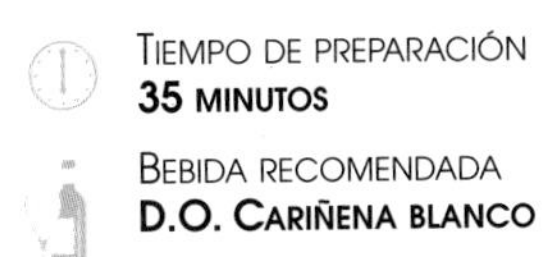

TIEMPO DE PREPARACIÓN
35 MINUTOS

BEBIDA RECOMENDADA
D.O. CARIÑENA BLANCO

Dore las costillas con un poco de aceite y salpiméntelas. Añada la ralladura de limón y cueza a fuego moderado durante 25 minutos. Hacia el final añada la nata.

Sirva enseguida.

COSTILLAS DE CERDO CON PIÑA

 INGREDIENTES PARA 4 PERSONAS

4 costillas de cerdo
150 g de gruyer rallado
2 limones
1 piña
sal
pimienta

 TIEMPO DE PREPARACIÓN
15 MINUTOS

BEBIDA RECOMENDADA
D.O. BINISSALEM-MALLORCA
ESPUMOSO

Espolvoree las costillas con una pizca de pimienta recién molida y colóquelas en una placa de horno.

Pele y corte en rodajas la piña y resérvelas. Añada tres cucharadas de zumo de piña a la ralladura del limón, distribúyalo sobre las costillas y salpimente.

Luego, pase la carne durante 4 o 5 minutos por el gratinador precalentado. Sáquela del horno y coloque sobre cada costilla dos medias rodajas de piña. Báñelas de nuevo con el fondo de cocción y espolvoréelas con queso rallado. Vuelva a poner las costillas bajo el gratinador durante 6 minutos para que se funda el queso.

Sirva enseguida con gajos de limón.

INGREDIENTES PARA 4 PERSONAS

- *200 g de zanahorias*
- *200 g de calabacines*
- *200 g de champiñones*
- *200 g de buey cortado en filetes finos*
- *30 g de queso ligero con hierbas*
- *perejil*
- *cebollino*
- *romero*
- *aceite de oliva virgen extra*
- *sal*
- *pimienta*

TIEMPO DE PREPARACIÓN
25 MINUTOS

BEBIDA RECOMENDADA
D.O. JUMILLA TINTO

SARTÉN DE FILETES A LA HORTELANA

Limpie y lave las zanahorias, los calabacines y los champiñones y córtelo todo en láminas.

En una sartén antiadherente, caliente cuatro cucharadas de aceite y añada las verduras y los champiñones.

Cueza a fuego medio sin tapa durante 7-8 minutos. Salpimente. Añada el queso diluido en una o dos cucharadas de agua.

Pique finas las hierbas aromáticas y añádalas a las verduras.

Coloque los filetes de carne sobre las verduras y sazone; cubra con la tapa, deje que se calienten durante un par de minutos y sirva seguidamente.

INGREDIENTES PARA 6-8 PERSONAS

- 1 kg de pecho de cordero en un solo trozo
- 200 g de carne de ternera
- 150 g de salchichas
- 4 huevos
- 2 rebanadas de pan de molde
- 1 diente de ajo
- queso grana rallado
- leche
- vino blanco
- perejil
- aceite de oliva virgen extra
- sal - pimienta

TIEMPO DE PREPARACIÓN
1 HORA Y 40 MINUTOS

BEBIDA RECOMENDADA
D.O. RIBERA DEL DUERO TINTO

PECHO DE CORDERO RELLENO

Remoje el pan de molde con la leche. Cueza tres huevos durante 6 minutos; refrésquelos bajo el agua del grifo y luego pélelos. Pase por la batidora americana la ternera, las salchichas peladas y las rebanadas de pan escurridas. Añada un huevo batido, el queso, una picada de perejil, sal, pimienta y un diente de ajo. Extienda el trozo de cordero. Salpiméntelo y cúbralo con el compuesto, dejando libre un centímetro de borde. Coloque en un lado, en fila, los tres huevos duros y luego forme un rollo grande. Cósalo en los extremos con hilo blanco y átelo como un embutido. Salpiméntelo y, a continuación, colóquelo en una fuente de horno y riéguelo con el aceite. Hornéelo a 200° durante un cuarto de hora, después baje la temperatura a 180° y áselo durante 1 hora y 20 minutos aproximadamente, dándole la vuelta a menudo y rociándolo con vino. Sáquelo del horno, retire los hilos y deje que se enfríe un poco antes de cortarlo.

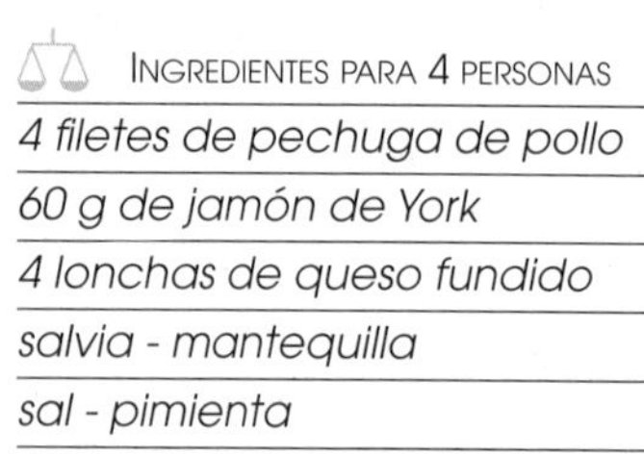

INGREDIENTES PARA 4 PERSONAS

- 4 filetes de pechuga de pollo
- 60 g de jamón de York
- 4 lonchas de queso fundido
- salvia - mantequilla
- sal - pimienta

TIEMPO DE PREPARACIÓN
15 MINUTOS

BEBIDA RECOMENDADA
D.O. PRIORATO BLANCO

PECHUGA DE POLLO A LA VALDOSTANA

En una sartén, caliente la salvia con la mantequilla. A continuación, añada la carne y dórela bien; salpimente.

Sobre cada filete disponga un poco de jamón de York y una loncha de queso fundido; cubra con la tapa para que se funda el queso y sirva de inmediato.

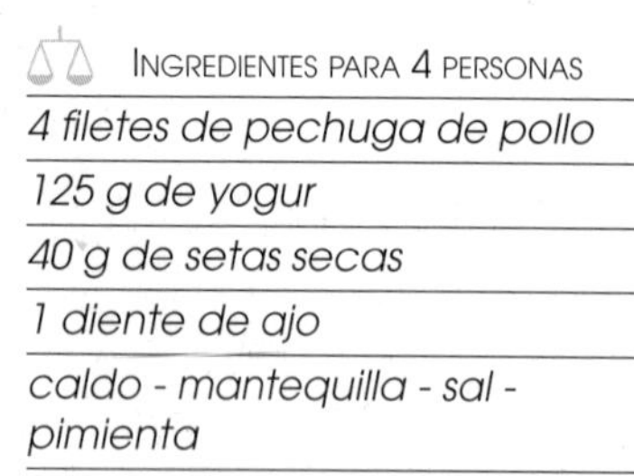

INGREDIENTES PARA 4 PERSONAS

- 4 filetes de pechuga de pollo
- 125 g de yogur
- 40 g de setas secas
- 1 diente de ajo
- caldo - mantequilla - sal - pimienta

TIEMPO DE PREPARACIÓN
40 MINUTOS

BEBIDA RECOMENDADA
D.O. RIBERA DEL GUADIANA TINTO

PECHUGA DE POLLO CON YOGUR Y SETAS

Sofría un puñado de setas remojadas y escurridas con un poco de mantequilla y el ajo, que luego se eliminará. Añada unas cucharadas de caldo y cueza durante 20 minutos. En otra sartén, dore las pechugas de pollo con una nuez de mantequilla, salpimente, baje el fuego y añada el yogur. Rehogue durante unos minutos y póngalas en una fuente de servir. Cúbralas con las setas y sírvalas.

INGREDIENTES PARA 4 PERSONAS

800 g de pechuga de pavo
500 g de harina
1 cubito de levadura de cerveza
1 diente de ajo
setas secas
romero - salvia
aceite de oliva virgen extra
sal
pimienta

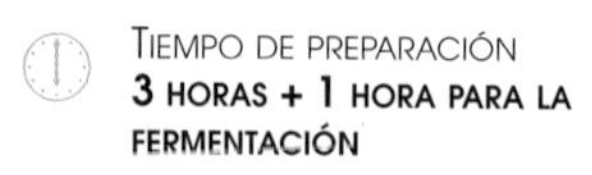

TIEMPO DE PREPARACIÓN
3 HORAS + 1 HORA PARA LA FERMENTACIÓN

BEBIDA RECOMENDADA
D.O. TAROCONTE-ACENTEJO TINTO

PECHUGA DE PAVO EN COSTRA

En la superficie de trabajo eche la harina en forma de volcán, añada una pizca de sal, viértale medio vaso de agua templada, en la que se habrá disuelto previamente la levadura, y trabaje incorporando poco a poco unas cucharadas de agua templada hasta obtener una masa blanda y elástica. Cúbrala con un paño y déjela reposar durante una hora.

En una sartén sofría el ajo picado, las hierbas y unas setas remojadas, escurridas y troceadas. Practique tres o cuatro incisiones en la pechuga de pavo y rellénela con el sofrito aromático. Ate la carne con hilo de cocina y dórela con un poco de aceite, salvia y romero. A continuación, manténgala caliente.

Desprenda el fondo de cocción en la sartén con un poco de vino y unas gotas de agua. Si es preciso, añada una cucharadita de harina para espesar la salsa; manténgala caliente.

Extienda la masa en una superficie enharinada, coloque la carne en el centro, humedezca los bordes con agua y cierre.

Hornee a 180° durante 2 horas y media, cubriendo la masa con papel de aluminio al cabo de una hora.

Antes de servir, practique una incisión alrededor de la base de la costra y destape en la mesa.

Acompañe con la salsa.

Cuándo sazonar

La incorporación de sal al principio de la cocción favorece un alejamiento de los líquidos de la carne con el consiguiente empobrecimiento en términos de sabor y blandura.
Por ello, los platos como asados o braseados deben sazonarse hacia el final de la cocción. Los bistecs y los escalopes se salarán al final e, incluso, una vez retiradas del fuego las carnes a la parrilla o a la plancha.
En cambio, los guisados pueden sazonarse a media cocción.

POLLO CON SETAS

INGREDIENTES PARA 4 PERSONAS

- 1 pollo
- 300 g de setas
- 2 dl de leche
- 1 cebolla
- mantequilla
- vino blanco
- perejil
- cebollino
- aceite de oliva virgen extra
- sal
- pimienta

TIEMPO DE PREPARACIÓN
1 HORA

BEBIDA RECOMENDADA
D.O. AMPURDÁN-COSTA BRAVA BLANCO

Limpie el pollo, lávelo y trocéelo. Limpie las setas y córtelas en láminas no demasiado finas. Sofríalas en una cazuela llana con una nuez de mantequilla; baje el fuego y cuézalas durante 10 minutos, removiéndolas de vez en cuando con una cuchara de madera. Acabada la cocción, salpimente y espolvoree con una picada de cebollino y perejil. En una sartén, dore el pollo con un poco de aceite y salpimente. Vierta medio vaso de vino y deje que se evapore a fuego vivo; añada la cebolla cortada en cubos y rehogue a fuego moderado sin dejar que tome color. Vierta también la leche, rectifique de sal y prosiga la cocción, siempre a fuego moderado y con la sartén tapada, durante 25 minutos, dando la vuelta de vez en cuando a los trozos de pollo. Añada un poco de vino y reduzca el fondo de cocción. Seguidamente, añada las setas y prosiga la cocción durante 3-4 minutos. Disponga el pollo en una fuente, con la salsa y las setas, y sírvalo caliente.

INGREDIENTES PARA 4 PERSONAS

800 g de pechuga de pollo
1 cebolla - 1 diente de ajo
1 limón
concentrado de tomate
coco rallado
guindilla
aceite de oliva virgen extra - sal

TIEMPO DE PREPARACIÓN
45 MINUTOS

BEBIDA RECOMENDADA
D.O. CONCA DE BARBERÀ BLANCO PARELLADA

POLLO AL COCO EN ROSA

Sofría la cebolla y el ajo picados, añada cuatro cucharadas de coco y rehogue durante unos 10 minutos. Añada el pollo troceado y dórelo. A continuación, incorpore una cucharada de concentrado de tomate y una punta de guindilla desmenuzada. Cueza con la cazuela tapada durante media hora. Hacia el final échele el zumo de limón y la sal.

Sírvalo caliente.

INGREDIENTES PARA 4 PERSONAS

1 pollo
100 g de jamón de York en una sola loncha
2 dl de coñac
3 tomates - 2 pimientos rojos
1 cebolla - mantequilla
sal - pimienta

TIEMPO DE PREPARACIÓN
1 HORA Y 40 MINUTOS

BEBIDA RECOMENDADA
D.O. RUEDA SUPERIOR

POLLO AL COÑAC

En una cazuela llana, adecuada también para el horno, sofría la cebolla cortada en rodajas y el jamón con un poco de mantequilla. Añada el pollo entero y dórelo. Salpiméntelo y báñelo con el coñac. Deje que se evapore y añada los pimientos cortados en tiras y los tomates troceados.

Hornéelo a 170° durante 1 hora y 20 minutos.

Saque el pollo del horno, córtelo en pedazos, dispóngalo en una fuente y sírvalo caliente, bañado con el fondo de cocción.

INGREDIENTES PARA 4 PERSONAS

1 pollo
3 kg de sal gruesa
30 g de panceta
1 diente de ajo
salvia - romero
sal - pimienta

TIEMPO DE PREPARACIÓN
1 HORA Y 30 MINUTOS

BEBIDA RECOMENDADA
D.O. TERRA ALTA TINTO

POLLO A LA SAL

Limpie el pollo, quítele las vísceras, lávelo y séquelo. Rellénelo con una picada compuesta por unos 30 g de panceta, salvia, romero, ajo, sal y pimienta, cosiendo la abertura con hilo blanco.

En una cacerola estrecha y alta vierta 1 kg de sal gruesa, luego coloque el pollo y cubra con el resto de la sal.

Hornee durante una hora y cuarto a 200°.

Rompa la costra y con un pincel libere el pollo de toda la sal antes de servir.

POLLO CON PIÑA

INGREDIENTES PARA 4 PERSONAS

- *1 pollo*
- *1 piña*
- *100 g de nata*
- *40 g de mantequilla*
- *calvados*
- *sal*
- *pimienta*

TIEMPO DE PREPARACIÓN
1 HORA

BEBIDA RECOMENDADA
D.O. UTIEL-REQUENA DE AGUJA

Limpie el pollo, lávelo y trocéelo.

Funda la mantequilla en una sartén y, a continuación, sofría los trozos de pollo hasta que queden bien dorados. Salpimente, bañe con medio vaso de agua caliente y prosiga la cocción a fuego lento durante 40 minutos aproximadamente.

Mientras tanto, pele la piña y córtela en pedacitos. Cuando el pollo esté cocido añada la piña, la nata y cuatro cucharadas de calvados.

Mantenga al fuego durante 5 minutos más. Luego dispóngalo en una fuente y sírvalo.

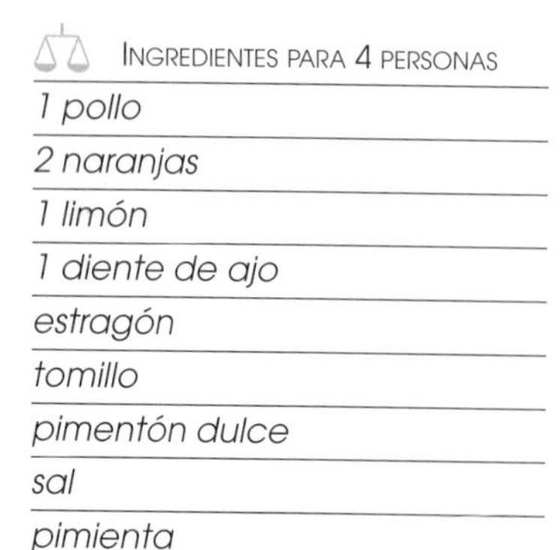

INGREDIENTES PARA 4 PERSONAS

1 pollo
2 naranjas
1 limón
1 diente de ajo
estragón
tomillo
pimentón dulce
sal
pimienta

TIEMPO DE PREPARACIÓN
1 HORA Y 15 MINUTOS

BEBIDA RECOMENDADA
D.O. VALLE DE LA OROTAVA BLANCO

POLLO A LA NARANJA

Limpie el pollo, lávelo y trocéelo. Dispóngalo sin grasa en una fuente de horno y hornéelo a 200° durante 25 minutos, hasta que la piel resulte crujiente. Saque la fuente del horno, elimine toda la grasa que se haya acumulado en el fondo y, si lo desea, también la piel.

Mezcle en un cuenco el zumo de naranja y de limón, la corteza de media naranja cortada en tiras finas, una pizca de estragón y tomillo y échelo todo sobre el pollo. Espolvoree con el pimentón, el ajo picado, la sal y la pimienta.

Vuelva a hornear a 180° durante media hora. Sirva enseguida.

INGREDIENTES PARA 4 PERSONAS

- 1 pollo
- 2 vasos de cerveza
- 2 dientes de ajo
- 2 cucharadas de harina
- romero
- mejorana
- aceite de oliva virgen extra
- sal
- pimienta

TIEMPO DE PREPARACIÓN
50 MINUTOS

BEBIDA RECOMENDADA
CERVEZA

POLLO A LA CERVEZA

Limpie el pollo, lávelo, córtelo en trozos y enharínelos.

En una cacerola con aceite sofría el ajo y el romero picados.

Añada los trozos de pollo, dórelos de manera uniforme y luego báñelos con la cerveza.

Sazone y cueza durante 30-35 minutos, removiendo de vez en cuando.

Aromatice el pollo con la mejorana, espolvoree pimienta y sirva caliente.

INGREDIENTES PARA 4 PERSONAS

- *4 muslos de pollo*
- *3 vasos de cerveza*
- *3 cebollas*
- *salvia*
- *aceite de oliva virgen extra*
- *sal - pimienta*

TIEMPO DE PREPARACIÓN
40 MINUTOS

BEBIDA RECOMENDADA
CERVEZA NEGRA

POLLO A LA CERVEZA CON CEBOLLAS

Ponga en una cazuela llana un poco de aceite, las cebollas cortadas en rodajas y los muslos de pollo abundantemente cubiertos de salvia picada, sal y pimienta, y dórelos.

Vierta la cerveza en el pollo, tápelo y cueza durante media hora dándole la vuelta de vez en cuando. Si es necesario, destápelo y reduzca un poco el líquido de cocción.

Sirva caliente.

INGREDIENTES PARA 4 PERSONAS

- *1 pollo*
- *5 pimientos rojos*
- *2 berenjenas - 2 calabacines*
- *1 cebolla*
- *harina*
- *1 diente de ajo*
- *vino blanco*
- *aceite de oliva virgen extra*
- *sal - pimienta*

TIEMPO DE PREPARACIÓN
1 HORA Y 20 MINUTOS

BEBIDA RECOMENDADA
D.O. PENEDÈS DE AGUJA

POLLO A LA CATALANA

Limpie el pollo, quítele las vísceras y córtelo en pedazos, que enharinará y sofreirá en aceite junto con la cebolla picada. En otra cazuela llana, a ser posible de barro, dore con un poco de aceite los pimientos limpios y cortados en tiras. A los 10 minutos, añada el ajo machacado; baje el fuego y cueza durante 10 minutos más.

Aparte saltee las berenjenas y los calabacines cortados en pedacitos y, a continuación, incorpórelos a los pimientos.

Añada el pollo y desprenda su fondo de cocción con un poco de vino blanco. Deje que espese añadiendo, si es necesario, una cucharadita de harina. Échelo sobre el pollo. Rehogue a fuego lento durante unos minutos y sirva caliente.

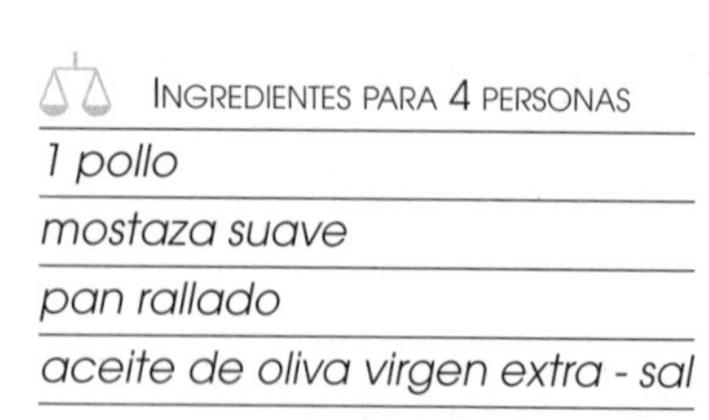

INGREDIENTES PARA 4 PERSONAS

- *1 pollo*
- *mostaza suave*
- *pan rallado*
- *aceite de oliva virgen extra - sal*

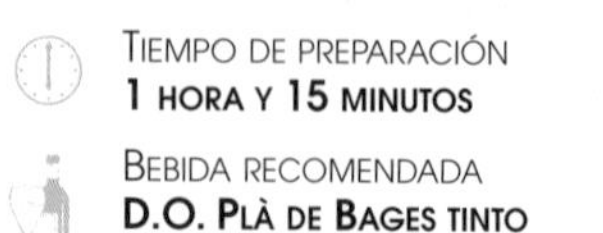

TIEMPO DE PREPARACIÓN
1 HORA Y 15 MINUTOS

BEBIDA RECOMENDADA
D.O. PLÀ DE BAGES TINTO

POLLO A LA MOSTAZA

Limpie el pollo, córtelo en pedazos, lávelos y séquelos.

Úntelos con la mostaza y colóquelos en una fuente de horno ligeramente engrasada con aceite.

Espolvoree con pan rallado y hornee a 200° durante una hora.

Sirva caliente.

POLLO CON ANCHOAS Y ALCAPARRAS

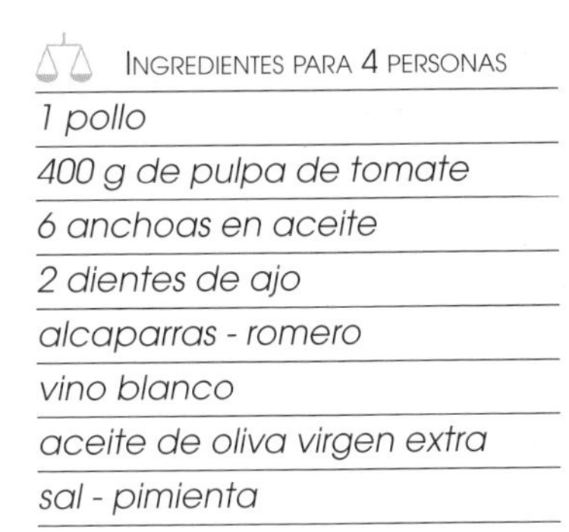

INGREDIENTES PARA 4 PERSONAS

1 pollo
400 g de pulpa de tomate
6 anchoas en aceite
2 dientes de ajo
alcaparras - romero
vino blanco
aceite de oliva virgen extra
sal - pimienta

TIEMPO DE PREPARACIÓN
1 HORA Y 15 MINUTOS

BEBIDA RECOMENDADA
D.O. RIBEIRA SACRA BLANCO MONOVARIETAL

Limpie el pollo, lávelo y córtelo en pedazos.

En una cazuela llana, sofría una ramita de romero, los dientes de ajo, las anchoas troceadas y una cucharada de alcaparras.

Añada el pollo, dórelo bien y báñelo con un vaso de vino.

Deje que se evapore, añada un poco de sal, pimienta y la pulpa de tomate. Tápelo y proceda a su cocción durante 40 minutos aproximadamente.

Reduzca la salsa y sirva caliente.

POLLO CON HIERBAS

INGREDIENTES PARA 4 PERSONAS

1 pollo
1 cebolla - 1 diente de ajo
harina
vino blanco
salvia - romero - laurel
mejorana - perejil
aceite de oliva virgen extra - sal

TIEMPO DE PREPARACIÓN
1 HORA

BEBIDA RECOMENDADA
D.O. RIBERA DEL GUADIANA TINTO

Limpie el pollo, córtelo en pedazos, lávelo, séquelo y enharínelo ligeramente.

Sofría en una cazuela llana la cebolla picada con el ajo y un poco de aceite.

Añada el pollo y dórelo bien. Bañe primero con un vaso de vino blanco y deje que se evapore. Luego sazone, tape el pollo y deje que cueza a fuego lento durante 40 minutos.

Añada una picada abundante de todas las hierbas aromáticas y deje que siga cociendo sólo durante el tiempo necesario para que espese la salsa.

Sirva caliente.

POLLO CON ALMENDRAS

INGREDIENTES PARA 4 PERSONAS

4 filetes de pechuga de pollo
200 g de almendras peladas
1 limón
harina - sal - pimienta

TIEMPO DE PREPARACIÓN
20 MINUTOS

BEBIDA RECOMENDADA
D.O. TXACOLÍ DE BIZKAIA TINTO

Enharine las pechugas de pollo y sofríalas en aceite caliente por ambos lados.

Cuando estén doradas, añada las almendras, salpimente y cueza durante 5 minutos más. Hacia el final, rocíe con zumo de limón.

Sirva caliente.

POLLO CON ESPECIAS

INGREDIENTES PARA 4 PERSONAS

1 pollo
90 g de mantequilla
jengibre molido
mostaza
curry
azúcar
puré de tomate
salsa worcester
salsa de mostaza
sal
pimienta blanca

TIEMPO DE PREPARACIÓN
40 MINUTOS

BEBIDA RECOMENDADA
D. O. RIOJA TINTO

Ponga en una bolsa de plástico dos cucharaditas de jengibre, dos de pimienta, dos de mostaza, tres de azúcar, una de curry y la sal. Mezcle cuidadosamente y, a continuación, introduzca en la bolsa los trozos de pollo, de uno en uno, y agítela para que la carne quede recubierta uniformemente con las especias. Luego disponga los trozos de pollo en una cazuela llana, con un poco de aceite, tape y deje reposar durante un cuarto de hora aproximadamente. Transcurrido ese tiempo, ponga el pollo en la placa del horno bajo el gratinador durante un cuarto de hora, dándole la vuelta con frecuencia. Sáquelo del horno y colóquelo en una fuente de servir. Mezcle el fondo de cocción con tres cucharadas de puré de tomate, tres de salsa Worcester y tres de salsa de mostaza; caliéntelo y luego vierta la salsa por encima de la carne y sirva.

INGREDIENTES PARA 4 PERSONAS

- *1 pollo*
- *40 g de mantequilla*
- *1 cebolla*
- *1 sobre de azafrán*
- *1 pimiento amarillo*
- *1 coco*
- *azúcar*
- *sal*

TIEMPO DE PREPARACIÓN
1 HORA

BEBIDA RECOMENDADA
D.O. PRIORATO RANCIO

POLLO CON COCO

Limpie, flamee y lave el pollo. Seguidamente córtelo en pedazos. Pique la cebolla y sofríala en una cazuela llana con la mantequilla. A continuación, añada los pedazos de pollo y dórelos.

Cuando estén bien dorados añada el pimiento cortado en tiras, sazone y cueza con el recipiente tapado durante 40 minutos aproximadamente.

Unos 10 minutos antes del final de la cocción, incorpore la pulpa del coco rallada. Bañe con un poco de su leche y el azafrán disuelto en agua templada, y deje que espese la salsa. Disponga el pollo en una fuente y sírvalo.

INGREDIENTES PARA 4 PERSONAS

1 pechuga de pollo
1 l de caldo de carne
50 g de almendras fileteadas
1 pimiento verde
1 pimiento rojo
1 cebolla tierna
aceite de oliva virgen extra
sal
pimienta

PARA LA SALSA VERDE

3 dl de aceite de oliva virgen extra
2 cucharadas de vinagre de vino blanco
1 cucharada de cada una de las hierbas siguientes: perifollo, estragón, cebollino y perejil
1 escalonia
1 cucharada de alcaparras
sal
pimienta

PARA LA SALSA DE AGUACATE

4 cucharadas de aceite de oliva virgen extra
1 aguacate
1 diente de ajo
1 cucharadita de zumo de limón
tabasco
sal

TIEMPO DE PREPARACIÓN
50 MINUTOS

BEBIDA RECOMENDADA
D.O. RUEDA ESPUMOSO

POLLO EXÓTICO CON PIMIENTOS

Cueza la pechuga de pollo en el caldo hirviente durante un cuarto de hora. Luego escúrrala y déjela enfriar.

Después de lavar y secar los pimientos, córtelos en pedacitos y saltéelos en la sartén con el aceite durante unos 3 minutos, removiéndolos. Añada el pollo troceado, salpimente e incorpore también la cebolla tierna cortada en rodajas. Rehogue los ingredientes a fuego vivo durante 2 minutos.

En otra sartén tueste ligeramente las almendras y añádalas al pollo.

Sírvalo acompañado de las dos salsas.

Para la salsa verde: pique finas todas las hierbas, las alcaparras y la escalonia. En un cuenco mezcle el vinagre, la sal y la pimienta. Añada el aceite y emulsione la salsa trabajándola con un tenedor. Por último, añada la picada de hierbas siempre trabajándola con el tenedor.

Para la salsa de aguacate: aplaste la pulpa del aguacate con el tenedor reduciéndola a puré, añádale el zumo de limón, el diente de ajo machacado y la sal. Incorpore entonces el aceite poco a poco como para una mahonesa; cuando la salsa esté lista añada unas gotas de tabasco y mezcle hasta que esté bien amalgamado.

Esta salsa debe prepararse en el último momento porque de lo contrario el color se altera.

INGREDIENTES PARA 4 PERSONAS

500 g de pechuga de pollo
250 g de mahonesa
200 g de jamón de York en una sola loncha
200 g de quesitos
50 g de setas en aceite
50 g de cebollitas agridulces
1 lechuga
1 pimiento rojo
1 pimiento amarillo
mostaza - sal

TIEMPO DE PREPARACIÓN
30 MINUTOS

BEBIDA RECOMENDADA
D.O. ALTO TURIA BLANCO SECO

POLLO FRÍO EN ENSALADA

Corte la pechuga de pollo en filetes finos y hágala a la plancha durante unos 10 minutos. Sazónela ligeramente.

Deje que se enfríe y córtela en tiras finas.

Limpie los pimientos, lávelos y córtelos en láminas muy finas.

Lave y seque la lechuga y dispóngala en una ensaladera con las setas, las cebollitas, los quesitos y el jamón cortado en tiras finas.

Añada el pollo y los pimientos, y alíñelo todo con la mahonesa mezclada con una cucharada de mostaza.

Trinchar el pollo

Para trinchar el pollo trate de localizar las articulaciones, en las que deberán practicarse los cortes, seccionando tendones y cartílagos pero sin triturar los huesos.

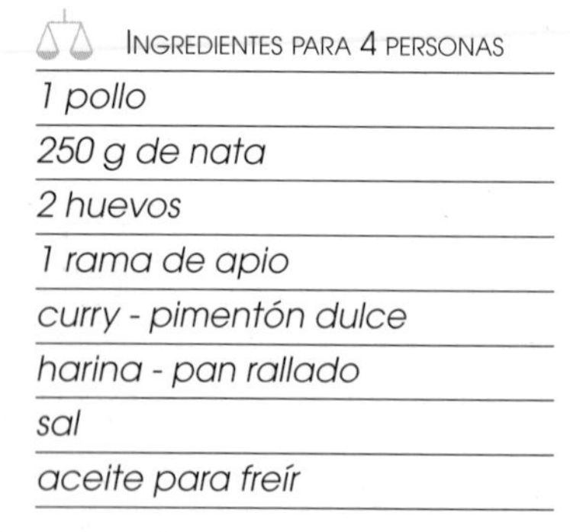

INGREDIENTES PARA 4 PERSONAS

1 pollo
250 g de nata
2 huevos
1 rama de apio
curry - pimentón dulce
harina - pan rallado
sal
aceite para freír

TIEMPO DE PREPARACIÓN
40 MINUTOS

BEBIDA RECOMENDADA
D.O. MONTILLA-MORILES BLANCO CON ENVEJECIMIENTO

POLLO FRITO A LA AMERICANA

Limpie el pollo, lávelo, córtelo en pedazos más bien pequeños y séquelo.

Bata los huevos en un cuenco con una pizca de sal. Enharine los trozos de pollo, sumérjalos en el huevo batido y luego rebócelos con el pan rallado, mezclado con una cucharada de pimentón dulce.

Fríalos en aceite abundante y muy caliente; escúrralos luego sobre papel absorbente de cocina y manténgalos calientes. Prepare una salsa rehogando durante 10 minutos la nata con dos cucharaditas de curry y el apio picado fino.

Sirva el pollo acompañado de la salsa.

INGREDIENTES PARA 4 PERSONAS

- *1 pollo*
- *3 huevos*
- *1 limón*
- *1 diente de ajo*
- *harina*
- *perejil*
- *romero*
- *laurel*
- *aceite de oliva virgen extra*
- *sal - pimienta*
- *aceite para freír*

TIEMPO DE PREPARACIÓN
40 MINUTOS + 2 HORAS PARA EL ADOBO

BEBIDA RECOMENDADA
D.O. PRIORATO RANCIO

POLLO FRITO A LA TOSCANA

Limpie el pollo, quítele las vísceras y lávelo.

Córtelo en pedazos y póngalo en adobo con aceite, zumo de limón, sal, hierbas aromáticas y pimienta, durante 2 horas. Prepare una pasta con los huevos batidos, dos cucharadas de harina, sal y pimienta.

Escurra los trozos de pollo, sumérjalos en la pasta preparada y fríalos en abundante aceite caliente.

Escúrralos sobre papel absorbente, sazónelos y sírvalos calientes.

Cortar la carne en filetes finos

Será más fácil cortar en filetes finos antes de la cocción las pechugas de pollo u otros tipos de carne si la pieza entera es puesta a enfriar en el congelador durante media hora o hasta que resulte un poco dura al tacto.

INGREDIENTES PARA 4 PERSONAS

- *450 g de carne de vaca picada*
- *500 g de puré de tomate*
- *15 nueces peladas*
- *1 panecillo*
- *1 huevo*
- *leche*
- *albahaca*
- *aceite de oliva virgen extra*
- *sal*
- *pimienta*

TIEMPO DE PREPARACIÓN
40 MINUTOS

BEBIDA RECOMENDADA
D.O. RIBERA DEL DUERO TINTO

ALBÓNDIGAS CON NUECES

En un cuenco amalgame la carne, el huevo batido, la miga del pan remojada en la leche y escurrida, las nueces, un poco de aceite, sal y pimienta.

Forme unas albóndigas pequeñas y cuézalas durante media hora en una cacerola con el puré de tomate, sal, unas hojas de albahaca y un poco de aceite.

Sírvalas templadas.

INGREDIENTES PARA 4 PERSONAS

500 g de pulpa de tomate
400 g de carne de vaca picada
400 g de brócoli - 2 huevos
1 cebolla - 1 diente de ajo
queso grana rallado
pan rallado
albahaca - perejil
aceite de oliva virgen extra
sal - pimienta

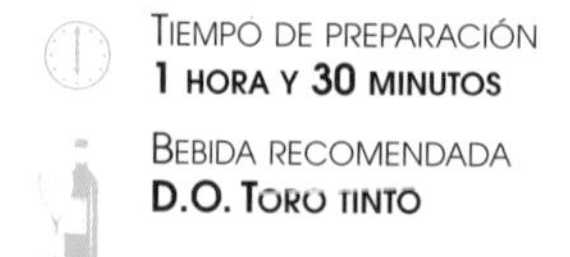

TIEMPO DE PREPARACIÓN
1 HORA Y 30 MINUTOS

BEBIDA RECOMENDADA
D.O. TORO TINTO

ALBÓNDIGAS DE CARNE Y VERDURAS

Prepare una salsa con la pulpa de tomate, media cebolla, aceite y abundante albahaca y cuézala durante media hora aproximadamente.

Limpie y cueza el brócoli, escúrralo y desmenúcelo. Bata los huevos con sal, pimienta y perejil picado. Añada la carne, el brócoli y unas cucharadas de pan y queso rallados. Amalgame bien todos los ingredientes y forme unas albóndigas pequeñas.

Fríalas y escúrralas sobre papel absorbente.

Sumerja las albóndigas en la salsa y cuézalas durante un cuarto de hora más. Sírvalas calientes o frías.

ALBÓNDIGAS DE HIERBECILLAS

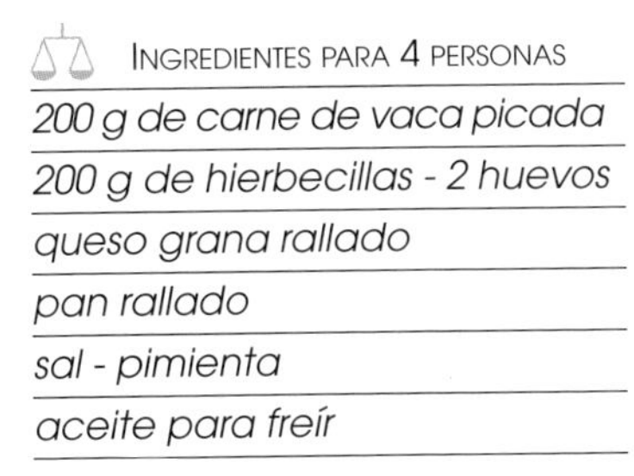

INGREDIENTES PARA 4 PERSONAS

200 g de carne de vaca picada
200 g de hierbecillas - 2 huevos
queso grana rallado
pan rallado
sal - pimienta
aceite para freír

TIEMPO DE PREPARACIÓN
30 MINUTOS

BEBIDA RECOMENDADA
D.O. RIBERA DEL GUADIANA TINTO

Escalde las hierbecillas, escúrralas bien y píquelas.

En un cuenco mezcle la carne con las hierbecillas.

Añada los huevos, dos cucharadas de queso rallado y, si lo desea, un poco de pan rallado. Salpimente y forme unas albóndigas pequeñas y aplanadas que freirá por ambos lados en una sartén grande con aceite muy caliente.

El aprovechamiento de las sobras de carne

Las pequeñas sobras de cocidos o asados se aprovechan tradicionalmente para preparar albóndigas. Si las sobras son de mayores dimensiones pueden cortarse en filetes y consumirse frías acompañándolas con salsas, por ejemplo una mahonesa con atún, anchoas y alcaparras.

ALBÓNDIGAS DE POLLO

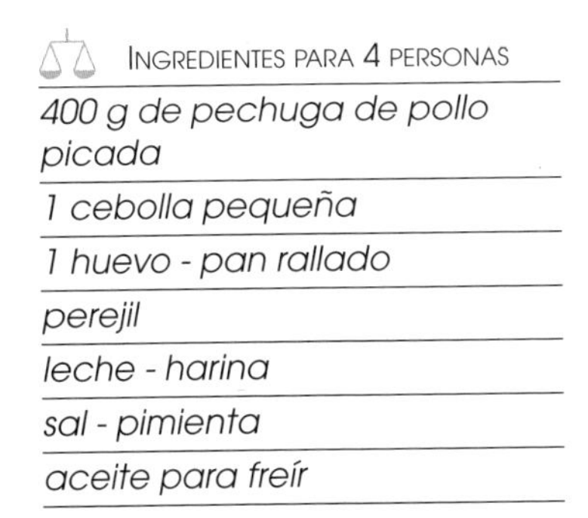

INGREDIENTES PARA 4 PERSONAS

400 g de pechuga de pollo picada
1 cebolla pequeña
1 huevo - pan rallado
perejil
leche - harina
sal - pimienta
aceite para freír

TIEMPO DE PREPARACIÓN
40 MINUTOS

BEBIDA RECOMENDADA
D.O. PRIORATO TINTO

En un cuenco bañe dos cucharadas de pan rallado con un poco de leche.

Añada el picadillo de pollo, la cebolla picada y dos cucharadas de perejil también picado, el huevo batido, la sal y la pimienta. Forme unas albóndigas pequeñas, enharínelas y fríalas en aceite muy caliente.

Escúrralas sobre papel absorbente y sírvalas calientes.

INGREDIENTES PARA 4 PERSONAS

- 800 g de blanqueta de pavo picado
- 2 huevos
- queso grana rallado
- pan rallado - perejil
- sal - pimienta - aceite para freír

TIEMPO DE PREPARACIÓN
40 MINUTOS

BEBIDA RECOMENDADA
CERVEZA

ALBÓNDIGAS DE PAVO

Amalgame la carne con los huevos batidos, una cucharada de perejil picado, dos cucharadas de queso y una de pan rallado, sal y pimienta.

Forme unas albóndigas pequeñas, enharínelas y fríalas en abundante aceite caliente.

Escúrralas sobre papel absorbente y consérvelas calientes hasta el momento de servir.

INGREDIENTES PARA 4 PERSONAS

- 250 g de carne de vaca picada
- 100 g de carne de ternera picada
- 100 g de carne de cerdo picada
- 100 g de nata
- 2 huevos - 1 cebolla - sal - pimienta
- leche - pan rallado
- tomillo - romero - aceite para freír

TIEMPO DE PREPARACIÓN
40 MINUTOS

BEBIDA RECOMENDADA
D.O. RIBERA DEL DUERO TINTO

ALBÓNDIGAS SABROSAS

En un cuenco mezcle las carnes con cuatro cucharadas de pan rallado ablandado con la nata caliente. Incorpore los huevos batidos, la cebolla picada, la leche suficiente para obtener la consistencia adecuada, sal, pimienta y especias.

Forme unas albóndigas pequeñas y fríalas en abundante aceite caliente.

Escúrralas sobre papel absorbente y sírvalas calientes.

INGREDIENTES PARA 4 PERSONAS

- 500 g de carne de vaca picada
- 350 g de patatas - 1 panecillo
- 100 g de mortadela
- 2 dl de caldo de carne
- 2 huevos - 2 dientes de ajo
- queso grana rallado
- harina - leche - vino dulce
- nuez moscada - perejil
- aceite de oliva virgen extra
- sal - pimienta

TIEMPO DE PREPARACIÓN
2 HORAS

BEBIDA RECOMENDADA
D.O. NAVARRA TINTO

ALBONDIGÓN ASADO

Cueza las patatas en agua salada. Mientras tanto, amalgame la carne, la mortadela picada, los huevos batidos y la miga de pan bañada en la leche y escurrida.

Añada las patatas aplastadas, el queso, el ajo y el perejil picados, sal, pimienta y nuez moscada. Forme una albóndiga grande, póngala en una fuente de horno untada con aceite y dórela en el horno a 200° durante 10 minutos. Baje la temperatura a 180°, añada un chorrito de vino dulce y el caldo y hornee durante una hora y media, bañando de vez en cuando con el líquido de cocción. Si la albóndiga se seca demasiado, cúbrala con papel de aluminio.

Sírvala templada o fría.

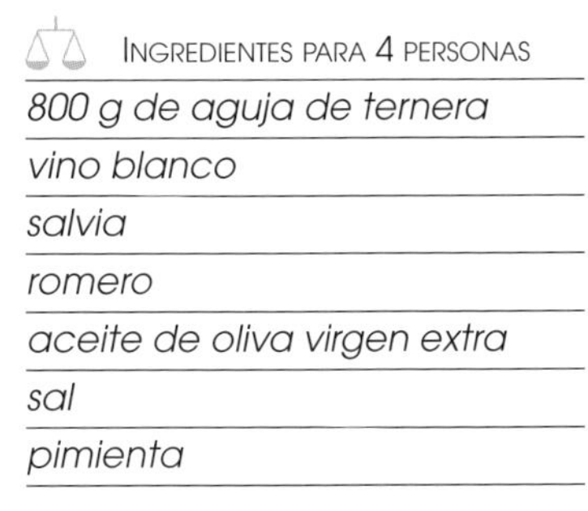

INGREDIENTES PARA 4 PERSONAS

800 g de aguja de ternera
vino blanco
salvia
romero
aceite de oliva virgen extra
sal
pimienta

TIEMPO DE PREPARACIÓN
1 HORA Y 40 MINUTOS

BEBIDA RECOMENDADA
D.O. RIBEIRO BLANCO

AGUJA DE TERNERA AL HORNO

Ate la carne y póngala en una fuente de horno untada con aceite. Rocíela con un chorrito de aceite, las hierbas aromáticas, sal y pimienta. Dore en el horno precalentado a 200° durante 10 minutos, luego baje la temperatura y rocíe la carne con medio vaso de vino blanco, prosiguiendo posteriormente la cocción durante 1 hora y 20 minutos, bañándola de vez en cuando con el fondo de cocción. Corte la carne en filetes y sírvala caliente.

La preparación de las grandes piezas de carne antes de la cocción

AROMATIZAR
Consiste en practicar en las grandes piezas de carne unos cortes pequeños y profundos, en los que se introducen los aromas (ajo, tomillo, laurel, romero, trufa). En algunas regiones, en lugar de utilizar esta técnica, se corta la pieza de carne en forma de libro, se le introducen los aromas y se cierra. En ambos casos es preciso atar fuerte la pieza antes de cocerla. Dado que los aromas transmiten a la carne sus características de forma más intensa que cuando dan sabor al fondo de cocción, debemos mostrarnos particularmente prudentes para no excedernos en las cantidades.

MECHAR
Consiste en introducir finas tiras de tocino en la pieza de carne. Es una práctica laboriosa y hoy en día bastante en desuso, pero que podría recuperarse para cortes de carne a veces demasiado magros. Debería efectuarse con el agujón adecuado, dejando que la tira de tocino sobresalga aproximadamente 1 centímetro de la pieza. En platos muy refinados las propias tiras de tocino pueden aromatizarse.

LARDEAR
Es una técnica muy sencilla que consiste en revestir la pieza de carne con finas lonchas de tocino o panceta; estas, al tostarse ligeramente, evitan que la pieza de carne se seque demasiado y sobre todo aportan una cantidad de grasa inferior a la que se proporciona al mechar. Además, si se lardea con panceta se obtiene un sabor más intenso en algunas recetas.

ATAR
Independientemente de las demás operaciones preliminares que se puedan efectuar, deben atarse todas las piezas de carne, y no sólo los rollos. Esta acción permite conservar en el interior de la pieza los aromas que puedan haberse introducido, adherir las lonchas utilizadas para lardear y sobre todo evita que la pieza de carne se deforme durante la cocción. Quien no tiene tiempo ni ganas de usar hilo de cocina puede emplear una red adecuada. Después de la cocción, es necesario dejar que se enfríe un poco la pieza antes de desatarla.

INGREDIENTES PARA 4 PERSONAS

- 8 codornices
- 8 lonchas de panceta
- 1 dl de caldo
- 1 racimo de uva rosada
- coñac
- mantequilla
- sal
- pimienta

TIEMPO DE PREPARACIÓN
1 HORA

BEBIDA RECOMENDADA
D.O. CAVA SECO

CODORNICES CON UVAS

Limpie las codornices, salpiméntelas y envuélvalas en las lonchas de panceta.

Átelas con hilo de cocina.

Dórelas a fuego vivo con una nuez de mantequilla.

Cuando estén bien doradas, hornéelas a 180° durante media hora aproximadamente.

Sáquelas del recipiente, elimine el hilo y vuelva a colocarlas en el recipiente de cocción.

Añada los granos de uva y vuélvalas a meter en el horno durante 5 minutos más.

A continuación, ponga las codornices en una fuente de servir, alargue el fondo de cocción con el coñac y redúzcalo a fuego vivo.

Viértalo luego sobre las codornices y sírvalas.

CODORNICES RELLENAS CON CASTAÑAS

INGREDIENTES PARA 4 PERSONAS

8 codornices
8 lonchas de panceta
4 higadillos de pollo
200 g de castañas
50 g de mantequilla
2 cucharadas de vino dulce
salvia
rebanadas de polenta
sal
pimienta

TIEMPO DE PREPARACIÓN
1 HORA Y 10 MINUTOS

BEBIDA RECOMENDADA
D.O. PENEDÈS DE AGUJA

Cueza las castañas durante 40 minutos en agua salada y luego pélelas y tamícelas.

Pique los higadillos después de limpiarlos y, a continuación, dórelos en la mantequilla; báñelos con el vino dulce y rehóguelos. Salpimente. Apague el fuego y añada el puré de castañas.

Después de limpiar las codornices, rellénelas con una parte de la mezcla y envuélvalas con las lonchas de panceta, incluyendo también una hoja de salvia.

Coloque las codornices en una fuente de horno salpimentadas, cúbralas con unas nueces de mantequilla y tápelas con papel de aluminio.

Hornee a 200° durante 20 minutos.

Sirva con rebanadas de polenta tostadas.

INGREDIENTES PARA 4 PERSONAS

- *1,5 kg de lomo alto de ternera*
- *3 dientes de ajo*
- *1 cebolla*
- *1 pimiento verde*
- *1 pimiento rojo*
- *1 calabacín*
- *pan rallado*
- *vino tinto*
- *mostaza*
- *tomillo*
- *perejil*
- *aceite de oliva virgen extra*
- *sal*
- *pimienta*

TIEMPO DE PREPARACIÓN
2 HORAS Y 15 MINUTOS

BEBIDA RECOMENDADA
D.O. RIOJA TINTO GRAN RESERVA

ROSBIF RELLENO

Practique un corte en la carne. Prepare un adobo mezclando una cucharada de mostaza con un diente de ajo machacado y un vaso de vino tinto. Deje reposar la carne en el adobo durante 1 hora a temperatura ambiente, dándole la vuelta a menudo.

Mientras tanto, pique la cebolla y dos dientes de ajo; limpie los pimientos y trocéelos, lave el calabacín y córtelo en dados. Sofríalo todo en una sartén con un poco de aceite, luego tápela y cueza de manera que quede firme. Añada una picada de tomillo y perejil, sal y pimienta. Retire del fuego e incorpore dos cucharadas de pan rallado. Rellene con la mezcla la carne, que se habrá sacado del adobo, y ate con hilo de cocina. Añada sal, pimienta y aceite.

Hornee a 230° durante un cuarto de hora. Baje la temperatura a 180° y prosiga la cocción durante tres cuartos de hora si quiere el rosbif al punto, o durante una hora si lo prefiere bien hecho. Deje reposar media hora antes de desatar la carne y cortarla en filetes.

INGREDIENTES PARA 4 PERSONAS

- *8 filetes de blanqueta de pavo*
- *8 lonchas de jamón serrano*
- *8 lonchas finas de gruyer*
- *150 g de nata*
- *1 diente de ajo*
- *cebollino - vino blanco*
- *aceite de oliva virgen extra*
- *sal - pimienta*

TIEMPO DE PREPARACIÓN
50 MINUTOS

BEBIDA RECOMENDADA
D.O. MONTILLA-MORILES BLANCO CON ENVEJECIMIENTO

ROLLITOS DE PAVO PRIMAVERA

Con un mazo aplane un poco los filetes de pavo.

Disponga sobre cada uno de ellos una loncha de jamón y una de queso y cubra con cebollino picado; enrolle y cierre los rollitos con un palillo o átelos con hilo de cocina. Caliente el aceite en una fuente de horno y sofría los rollitos durante unos minutos. Añada el ajo machacado, un vaso de vino, la sal y la pimienta. Hornee a 180° durante media hora aproximadamente.

Saque los rollitos del recipiente de cocción y dispóngalos en una fuente de servir, después de desatarlos y cortarlos en filetes.

Reduzca el fondo de cocción, incorpórele la nata y un poco más de cebollino. Sirva cubriendo la carne con la salsa y, si lo desea, acompañando con verduras cocidas y salteadas con mantequilla.

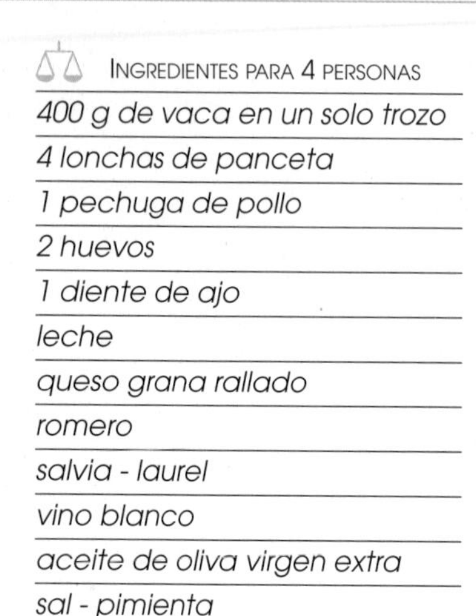

INGREDIENTES PARA 4 PERSONAS

400 g de vaca en un solo trozo
4 lonchas de panceta
1 pechuga de pollo
2 huevos
1 diente de ajo
leche
queso grana rallado
romero
salvia - laurel
vino blanco
aceite de oliva virgen extra
sal - pimienta

TIEMPO DE PREPARACIÓN
1 HORA Y 20 MINUTOS

BEBIDA RECOMENDADA
D.O. SOMONTANO TINTO

ROLLO DE VACA Y POLLO

Con un cuchillo afilado, abra en forma de libro la pechuga de pollo. Aplánela con la palma de la mano y trasládela a un plato; échele pimienta, un poco de sal y dos cucharadas de vino blanco.

Bata los huevos con dos cucharadas de leche, dos de grana, sal y pimienta, y prepare una tortilla delgada en una sartén antiadherente untada con muy poco aceite.

Ponga la carne de vaca en la tabla de cortar, golpéela con el mazo y salpimiéntela.

Coloque encima la pechuga de pollo, las lonchas de panceta, la tortilla, unas hojas de salvia y un poco de romero.

Enrolle estrechamente la carne y átela con hilo de cocina.

Dórela en una cacerola con dos cucharadas de aceite. Cuando tome color por todos los lados, añada el laurel y el diente de ajo entero; bañe con un vaso de vino blanco, cubra a medias la olla y cueza durante 1 hora y 20 minutos.

Desate el asado, deje que se enfríe y sírvalo cortado en rodajas, frío, con una guarnición de verduras al gusto.

INGREDIENTES PARA 4 PERSONAS

600 g de blanqueta de pavo en un solo trozo
300 g de chuleta de cerdo picada
100 g de requesón
100 g de queso curado
1 puñado de hierbecillas
vino blanco
aceite de oliva virgen extra
sal - pimienta

TIEMPO DE PREPARACIÓN
1 HORA Y 30 MINUTOS

BEBIDA RECOMENDADA
D.O. YECLA BLANCO

ROLLO DE PAVO Y CERDO

Amalgame la carne picada con el requesón, la sal y la pimienta a fin de obtener un relleno homogéneo y liso.

Cueza, escurra y pique las hierbecillas.

Salpimente el trozo de pavo, distribuya el relleno de carne y requesón, a continuación las hierbecillas y, por último, el queso en escamas. Enróllelo todo y átelo con hilo de cocina.

Coloque el rollo en una fuente de horno engrasada, píntelo con aceite y dórelo a 200°.

Baje la temperatura a 170°, añada un chorrito de vino y hornee durante 35 minutos más.

Sáquelo y sírvalo caliente.

Rollo de ternera con requesón

Ingredientes para 4 personas: *600 g de carne de ternera en un solo trozo - 300 g de requesón - 100 g de gruyer - 10 aceitunas verdes - 1 huevo - perejil - albahaca - harina - vino blanco - mantequilla - aceite de oliva virgen extra - sal - pimienta*

Tiempo de preparación
1 hora y 30 minutos

Bebida recomendada
D.O. Penedès de aguja

Aplane el trozo de ternera. Luego échele un poco de sal y pimienta.

Ponga el requesón en un cuenco con huevo, queso, aceitunas, perejil y albahaca picados, sal y pimienta. Amalgame bien y extiéndalo todo sobre el trozo de carne, enróllelo y átelo con hilo de cocina. Ponga el asado en una cazuela llana con un poco de aceite y dórelo por todos los lados. Bañe con el vino, deje que se evapore y, a continuación, cueza despacio durante 1 hora más o menos. Acabada la cocción, deje reposar la carne en la cazuela 10 minutos; cuando se haya enfriado un poco, córtela en rodajas finas y dispóngalas en una fuente de servir.

Caliente el fondo de cocción añadiendo una nuez de mantequilla amalgamada con una cucharadita de harina y un poco de agua caliente, si es necesario. Sirva la salsa con las rodajas de carne.

INGREDIENTES PARA 4 PERSONAS

600 g de carne de ternera en un solo trozo
200 g de salchichas
150 g de crescenza
100 g de panceta
40 g de piñones
2 huevos
1 diente de ajo
pan rallado
vino blanco seco
leche
perejil
romero
nuez moscada
aceite de oliva virgen extra
sal - pimienta

TIEMPO DE PREPARACIÓN
1 HORA Y 20 MINUTOS

BEBIDA RECOMENDADA
D.O. ALMANSA TINTO

ROLLO DE TERNERA CON SALCHICHAS

Aplane ligeramente el trozo de ternera a fin de darle un espesor uniforme.

Pele las salchichas, desmíguelas y póngalas en un cuenco. Añádales los huevos, el pan rallado, unas cucharadas de leche, el queso, los piñones, el ajo y el perejil picados, la panceta en dados, sal, pimienta y nuez moscada.

Distribuya la mezcla sobre la carne. A continuación, enróllela y átela con hilo de cocina.

Ponga el rollo y una ramita de romero, con un poco de aceite, en una cazuela llana que pueda ir al horno; dórelo, échele un chorro de vino y hornéelo a 180° durante una hora aproximadamente.

Deje que se enfríe ligeramente antes de cortarlo en rodajas y servirlo.

Preliminares de la cocción

La carne de las aves debe lavarse antes del uso, operación que en cambio no es aconsejable para los demás tipos de carne.
El maceado no es necesario, al menos con las carnes que hay hoy en el mercado, es más, es desaconsejable dado que provoca la rotura de la fibra con la consiguiente pérdida de los jugos durante la cocción. Un ligero maceado puede servir para aplanar filetes que se van a usar para rollitos o similares. Toda la carne debe secarse bien y además debería estar a temperatura ambiente antes de cocinarse para conservar su blandura, sobre todo los cortes grandes.

INGREDIENTES PARA 4 PERSONAS

4 filetes de lomo de cerdo
2 naranjas - harina
mantequilla - sal - pimienta

TIEMPO DE PREPARACIÓN
15 MINUTOS

BEBIDA RECOMENDADA
D.O. EL BIERZO BLANCO

ESCALOPES DE CERDO CON NARANJA

Enharine la carne y sofríala en la mantequilla.

Añada el zumo de las naranjas, sal y pimienta. Rehogue durante unos minutos.

Sirva enseguida.

INGREDIENTES PARA 4 PERSONAS

800 g de blanqueta de pavo en filetes

200 g de orejones de albaricoque

80 g de almendras

mantequilla

vino blanco

sal - pimienta blanca

TIEMPO DE PREPARACIÓN
50 MINUTOS

BEBIDA RECOMENDADA
D.O. PENEDÈS BLANCO

ESCALOPES DE PAVO EN PAPILLOTE

Ponga los orejones en remojo en agua templada.

Disponga cada filete de pavo en una hoja de papel de aluminio ligeramente untada con mantequilla. Escurra los orejones y píquelos gruesos. Pele y pique finas las almendras. Mezcle las almendras y los orejones, y dispóngalos cubriendo la mitad de cada filete de pavo. Doble la otra mitad de los filetes formando una especie de sandwich. Levante los bordes de las papillotes de aluminio y distribuya en cada una de ellas una cucharada de vino blanco y unas nueces de mantequilla. Salpimente y cierre las papillotes sin apretarlas demasiado. Hornéelas a 200° y cuézalas durante media hora. Sirva bien caliente.

COSTILLAR DE CONEJO CON ROMERO

INGREDIENTES PARA 4 PERSONAS
1 conejo
romero - harina
vino blanco - mantequilla
aceite de oliva virgen extra
sal - pimienta

TIEMPO DE PREPARACIÓN
1 HORA + 2 HORAS PARA EL ADOBO

BEBIDA RECOMENDADA
D.O. CARIÑENA TINTO

Limpie el conejo, separe el costillar, deshuéselo, corte en tiras la carne de los muslos, los posibles recortes y el hígado y póngalos en adobo durante 2 horas con 4 dl de vino blanco, sal, pimienta y una ramita de romero picada.

Extienda el costillar deshuesado, lavado y seco. Salpiméntelo. Escurra los ingredientes del adobo y colóquelos encima.

Enrolle la carne y cierre con la parte más fina. Átela con hilo de cocina y hornéela a 180° en una cacerola con el aceite y una ramita de romero durante 25-30 minutos aproximadamente. Acabada la cocción, saque la carne de la cacerola, bañe el fondo de cocción con un vaso de vino blanco, deje que se evapore, añada una cucharada de harina y mezcle bien con un batidor de varillas.

Corte en rodajas y bañe con la salsa.

FLAN CON GUISANTES

INGREDIENTES PARA 4 PERSONAS

700 g de carne de vaca picada
150 g de guisantes
100 g de carne de cerdo picada
100 g de mortadela picada
5 dl de bechamel - 3 huevos
mantequilla - sal

TIEMPO DE PREPARACIÓN
1 HORA Y 15 MINUTOS

BEBIDA RECOMENDADA
D.O. JUMILLA TINTO

Escalde los guisantes en agua hirviendo.

En un cuenco mezcle la carne picada y la mortadela.

Añada los guisantes, los huevos batidos y la bechamel.

Sazone, vuélquelo todo en una fuente de horno untada con mantequilla y hornee a 180° durante una hora aproximadamente.

Sirva templado o caliente.

FLAN DE PAVO

INGREDIENTES PARA 4 PERSONAS

500 g de carne de pavo picada
150 g de jamón de York
3 huevos
leche - pan rallado
queso grana rallado
perejil - romero
aceite de oliva virgen extra
sal - pimienta

TIEMPO DE PREPARACIÓN
1 HORA Y 40 MINUTOS

BEBIDA RECOMENDADA
D.O. MÉNTRIDA TINTO

En un cuenco, amalgame bien tres cucharadas de pan rallado con un vaso de leche caliente. A continuación añada la carne, el jamón picado, los huevos batidos, dos cucharadas de queso, sal y pimienta.

Vuelque la masa en una fuente de horno untada con aceite, espolvoree con un poco de pan rallado y hornee durante una hora, tapando al principio la fuente para que no se seque el molde.

Quite la tapa en los últimos 10 minutos para que se forme una fina costra dorada.

Sirva templado.

GUISADO DE CORDERO CON HABAS

INGREDIENTES PARA 4 PERSONAS

800 g de cordero
500 g de habas ya desgranadas
400 g de puré de tomate
6 escalonias
semillas de comino - harina
aceite de oliva virgen extra
sal - pimienta

TIEMPO DE PREPARACIÓN
2 HORAS

BEBIDA RECOMENDADA
D.O. MARQUÉS DEL DUERO TINTO

Corte el cordero en trozos, enharínelos y dórelos en una sartén con un poco de aceite.

Saque la carne de la sartén y manténgala caliente; elimine un poco de grasa de cocción y en la misma sartén rehogue las escalonias cortadas en rodajas con comino, sal y pimienta. Añada las habas y proceda a realizar el estofado.

Incorpore la carne y el tomate y cueza a fuego moderado con tapa durante al menos una hora y media. Sirva caliente.

INGREDIENTES PARA 4 PERSONAS

800 g de cabrito
8 patatas grandes
salvia
romero
laurel
vino blanco
aceite de oliva virgen extra

TIEMPO DE PREPARACIÓN
1 HORA Y 50 MINUTOS

BEBIDA RECOMENDADA
D.O. RIOJA TINTO GRAN RESERVA

GUISADO DE CABRITO CON PATATAS

Corte el cabrito en trozos y páselo por la picada de salvia y romero, de forma que se impregne bien; dispóngalo en una fuente de horno untada con aceite, añádale unas cuantas hojas de laurel, échele un chorrito de vino blanco y déjelo reposar durante 20 minutos.

Mientras tanto, caliente el horno, pele y corte las patatas en trozos grandes y dispóngalas en la fuente. Hornee a 180° durante 1 hora y 20 minutos.

Sirva caliente.

La carne con hueso

Tenga en cuenta que, a igual tamaño, la carne con hueso se cuece en menos tiempo que la que no lo tiene.

INGREDIENTES PARA 4 PERSONAS

800 g de pechuga de pollo
4 ramas de apio
1 limón sin tratar
1 cebolla
harina
caldo de pollo
curry
aceite de oliva virgen extra
sal
pimienta

TIEMPO DE PREPARACIÓN
40 MINUTOS

BEBIDA RECOMENDADA
D.O. PENEDÈS DE AGUJA

GUISADO DE POLLO AL CURRY

Limpie el apio y córtelo en rodajas. Pele y pique la cebolla.

Caliente cuatro cucharadas de aceite en una sartén y fría la cebolla y el apio durante unos 10 minutos a fuego moderado.

Baje el fuego y eche en forma de lluvia cuatro cucharadas de harina. Remueva durante un par de minutos para que no se pegue.

Añada abundante curry y vuelva a remover durante otro minuto.

Vierta poco a poco medio litro de caldo de pollo, sin dejar de remover. Lleve a ebullición y deje que hierva despacio durante 5 minutos, hasta que espese la salsa. Añada el zumo de limón, retire del fuego y reserve caliente.

En otra sartén, sofría bien en aceite, durante 5 o 6 minutos, el pollo cortado en trozos no demasiado pequeños. Traslade el pollo a la sartén con la salsa y prosiga la cocción durante 5 minutos más a fuego lento.

Sazone y sirva espolvoreando con la ralladura del limón.

INGREDIENTES PARA 4 PERSONAS

- 800 g de blanqueta de pavo
- 300 g de cebollitas peladas
- 300 g de champiñones
- 4 zanahorias
- 2 ramas de apio
- 1 cebolla
- caldo de carne - vino tinto
- harina - aceite de oliva virgen extra
- sal - pimienta

TIEMPO DE PREPARACIÓN
1 HORA

BEBIDA RECOMENDADA
D.O. TERRA ALTA TINTO

GUISADO DE PAVO

Limpie las zanahorias y córtelas en rodajas. Lave el apio y trocéelo.

Enharine ligeramente el pavo cortado en cubos y dórelo en el aceite bien caliente con la cebolla picada.

Bañe con un vaso de vino y, cuando se evapore, añada medio litro de caldo caliente, las zanahorias y el apio.

Salpimente y cueza con tapa a fuego lento durante 20 minutos.

Añada las cebollitas y los champiñones y prosiga la cocción durante media hora más.

Sirva caliente.

INGREDIENTES PARA 4 PERSONAS

- 600 g de blanqueta de pavo en doce filetes
- 1 pimiento rojo pequeño
- 1 pimiento amarillo pequeño
- miel - salsa de soja
- semillas de sésamo
- aceite de oliva virgen extra
- sal

TIEMPO DE PREPARACIÓN
30 MINUTOS

BEBIDA RECOMENDADA
D.O. MONDÉJAR BLANCO

BROCHETAS DE PAVO

Rocíe los filetes de pavo con cuatro cucharadas de miel y tres de salsa de soja mezcladas, y rehogue con un poco de aceite durante un cuarto de hora aproximadamente. Limpie los pimientos, elimine las semillas y los filamentos blancos y luego córtelos en doce rodajas verticales. Coloque en el centro de cada filete una tira de pimiento y, a continuación, enróllelo en torno a una brocheta de madera. Sazone un poco los rollitos, úntelos con aceite y luego espolvoréelos con abundantes semillas de sésamo y gratínelos unos 10 minutos, dándoles la vuelta a menudo. Sírvalos calientes.

INGREDIENTES PARA 4 PERSONAS

- 600 g de blanqueta de pavo en filetes
- 6 quesitos
- 1 huevo
- pan rallado - mantequilla - sal

TIEMPO DE PREPARACIÓN
25 MINUTOS

BEBIDA RECOMENDADA
D.O. RIBEIRO BLANCO

BROCHETAS DE PAVO CON QUESO

Corte por la mitad y aplane los filetes, colocando encima de cada uno un poco de quesito. Enrolle los filetes y enhebre dos o tres en los palillos. Páselos por el huevo batido y salado y, a continuación, por el pan rallado. Dórelos en la mantequilla a fuego vivo. Baje el fuego y prosiga la cocción durante 10 minutos.

Sirva caliente.

INGREDIENTES PARA 4 PERSONAS

- *600 g de blanqueta de ternera en doce filetes*
- *150 g de pan rallado*
- *70 g de queso de oveja rallado*
- *2 dientes de ajo*
- *perejil*
- *aceite de oliva virgen extra*
- *sal - pimienta negra en grano*

TIEMPO DE PREPARACIÓN
25 MINUTOS

BEBIDA RECOMENDADA
D.O. RIBEIRA SACRA BLANCO MONOVARIETAL

BROCHETAS DE TERNERA

Después de macear los filetes de ternera, deben empanarse con una mezcla de pan rallado, queso de oveja, perejil picado, ajo, pimienta molida y sal: todo mezclado y humedecido con unas gotas de aceite y agua.

Enróllelos y enhébrelos en las brochetas.

Hágalos a la plancha durante 10-15 minutos, untándolos de vez en cuando con un poco de aceite.

Una vez asados, retírelos del fuego y sírvalos de inmediato con verduras al gusto.

INGREDIENTES PARA 4 PERSONAS

- *300 g de carne de cerdo*
- *200 g de salchichas*
- *200 g de carne de vaca*
- *1 cebolla - 1 pimiento rojo*
- *coñac - salvia - romero*
- *aceite de oliva virgen extra*
- *sal - pimienta*

TIEMPO DE PREPARACIÓN
40 MINUTOS

BEBIDA RECOMENDADA
D.O. CARIÑENA TINTO

BROCHETAS SABROSAS

Corte la carne en trocitos no demasiado pequeños, las cebollas en rodajas bastante gruesas y los pimientos en pedacitos. Prepare las brochetas enhebrando en cada pincho un trocito de carne de vaca, uno de salchicha y uno de cerdo, alternándolos con una rodaja de cebolla y un pedacito de pimiento.

Espolvoree con las hierbas aromáticas, sal y pimienta. Sofría en una sartén untada con una ligera capa de aceite y tapada. Al cabo de 6 o 7 minutos, rocíe con el coñac, dejando que se evapore y sirva enseguida.

INGREDIENTES PARA 4 PERSONAS

- *8 filetes de ternera*
- *100 g de panceta*
- *100 g de queso curado*
- *1 pimiento rojo - salvia*
- *aceite de oliva virgen extra*
- *sal - pimienta*

TIEMPO DE PREPARACIÓN
40 MINUTOS

BEBIDA RECOMENDADA
D.O. PRIORATO TINTO

BROCHETAS APETITOSAS

Sobre cada filete de carne disponga una loncha de panceta y un trocito de queso; enrolle y enhebre dos rollitos en cada pincho, alternándolos con hojas de salvia y trocitos de pimiento.

Disponga los rollitos en una sartén untada con aceite, salpimentándolos. Luego tápelos y póngalos a cocer durante 15 o 20 minutos.

Sirva caliente.

CARPACCIO CON ACHICORIA, ORUGA Y ACEITUNAS

INGREDIENTES PARA 4 PERSONAS

- *400 g de tapa de ternera cortada en filetes finos*
- *150 g de aceitunas negras y verdes*
- *1 escarola - 1 achicoria*
- *1 puñado de oruga*
- *1 limón - vinagre balsámico*
- *aceite de oliva virgen extra*
- *sal - pimienta blanca*

TIEMPO DE PREPARACIÓN
25 MINUTOS

BEBIDA RECOMENDADA
D.O. RIBEIRO TINTO

Deshuese y corte por la mitad las aceitunas. Limpie y lave bien la achicoria, la escarola y la oruga. Trocee sus hojas y mézclelas.

En un cuenco prepare un aliño, emulsionando con un tenedor cinco cucharadas de aceite, el zumo de medio limón, unas gotas de vinagre balsámico y una pizca de sal y pimienta. Deje reposar brevemente en este aliño los filetes de carne. Forme en la fuente de servir un lecho de ensalada y acomode los filetes de carne escurridos. Alíñelo todo con la salsa vertida poco a poco. Decórelo con las aceitunas, meta el plato en la nevera unos minutos y sirva fresco.

ESTOFADO DE VACA

INGREDIENTES PARA 6 PERSONAS

- *1,2 kg de vaca*
- *800 g de tomates pelados*
- *2 zanahorias - 2 ramas de apio*
- *1 cebolla - 1 diente de ajo*
- *1 hoja de laurel - vino tinto*
- *aceite de oliva virgen extra*
- *sal - pimienta*

TIEMPO DE PREPARACIÓN
2 HORAS Y 20 MINUTOS

BEBIDA RECOMENDADA
D.O. RIBERA DEL GUADIANA TINTO

Pique las verduras y sofríalas con el ajo y el laurel. Dore bien la carne por todos los lados.

Báñela con un abundante vaso de vino tinto con cuerpo; salpimente y deje que se evapore. Añada los tomates, tape la cazuela y cuézalo todo durante unas dos horas. Deje reposar el estofado durante 10 minutos. Mientras, pase por el pasapurés el fondo de cocción, salvo el laurel, y rectifique de sal y pimienta. Corte la carne en filetes y sírvala cubierta con su salsa bien caliente.

PAVO AL CURRY

INGREDIENTES PARA 4 PERSONAS

- *600 g de blanqueta de pavo en filetes*
- *50 g de queso grana rallado*
- *50 g de pan rallado*
- *20 g de piñones - 1 huevo*
- *1 limón - curry - sal*
- *aceite para freír*

TIEMPO DE PREPARACIÓN
15 MINUTOS

BEBIDA RECOMENDADA
D.O. AMPURDÁN-COSTA BRAVA BLANCO

Prepare una masa con queso rallado, pan rallado, piñones pulverizados en el molinillo de café, una cucharadita de curry y una pizca de sal.

Macee ligeramente la carne, pásela por el huevo batido y luego empánela con la masa preparada. Fría la carne en el aceite, unos 3 minutos por cada lado, y sírvala con rodajas de limón.

INGREDIENTES PARA 4 PERSONAS

- 800 g de blanqueta de pavo
- 100 g de bacon
- 20 g de setas secas
- 3 dientes de ajo
- 2 cebollas - 2 ramas de apio
- 2 cucharadas de concentrado de tomate
- 1 zanahoria - 1 limón
- romero - guindilla
- aceite de oliva virgen extra
- sal - pimienta negra

TIEMPO DE PREPARACIÓN
20 MINUTOS

BEBIDA RECOMENDADA
D.O. CAVA SECO

PAVO AL LIMÓN

Pique la zanahoria, el apio, la cebolla, el romero y el bacon, rellene la blanqueta, enróllela y átela. Con la punta de un cuchillo, practique varias incisiones en el rollo e introduzca en los cortes unas rodajitas de ajo. Ponga la carne en una fuente de horno y viértale la mitad del zumo de limón. Pique dos dientes de ajo y póngalos en la fuente con una cebolla cortada en medias lunas, las setas remojadas en un poco de agua templada, una guindilla troceada, una rama de apio troceada, dos cucharadas de aceite y diez granos de pimienta negra machacados. Bañe con un vaso de agua, en la que se habrá disuelto el concentrado de tomate, sazone y meta en el horno a 190° durante una hora y media cubriendo con papel de horno. Bañe de vez en cuando con el resto del zumo de limón. Acabada la cocción, desate el rollo y colóquelo en una fuente de servir junto con el fondo de cocción.

PAVO AROMÁTICO

INGREDIENTES PARA 4 PERSONAS

600 g de blanqueta de pavo en filetes
2 huevos - 1 limón
leche - semillas de hinojo
pimentón dulce
aceite de oliva virgen extra - sal

TIEMPO DE PREPARACIÓN
30 MINUTOS

BEBIDA RECOMENDADA
D.O. SOMONTANO BLANCO

Mezcle las yemas de huevo con medio vaso de leche, el zumo de limón, una cucharadita de semillas de hinojo, una pizca de pimentón y otra de sal.

Dore los filetes de blanqueta en una sartén con el aceite.

Eche por encima la salsa preparada y cueza a fuego medio durante 20 minutos aproximadamente.

Sirva enseguida.

PAVO ASADO CON MOSTAZA

INGREDIENTES PARA 4 PERSONAS

800 g de blanqueta de pavo
1 l de leche
100 g de mostaza
aceite de oliva virgen extra
sal
pimienta

TIEMPO DE PREPARACIÓN
2 HORAS

BEBIDA RECOMENDADA
D.O. RIBEIRO BLANCO

Frote la carne con sal y pimienta y dórela bien por todos los lados en una cazuela de borde bastante alto. Cubra con la leche y cueza a fuego moderado durante una hora, dándole la vuelta a la carne de vez en cuando. Extienda sobre el asado la mostaza y cueza durante un cuarto de hora más. Después de apagar el fuego, deje reposar la carne durante 10 minutos, escúrrala y deje que se enfríe un poco. Mientras tanto, bata el líquido de cocción. Corte en filetes el asado, dispóngalo en una fuente, cúbralo con la salsa y sírvalo.

TERRINA DE SALCHICHAS Y MAÍZ

INGREDIENTES PARA 4 PERSONAS

250 g de salchichas pequeñas de tipo würstel
250 g de maíz en lata
3 dl de caldo - 2 dl de leche
4 huevos - 1 cebolla
harina - comino molido
mejorana - pasas de Corinto
aceitunas - aceite de oliva virgen extra
sal - pimienta

TIEMPO DE PREPARACIÓN
1 HORA Y 20 MINUTOS

BEBIDA RECOMENDADA
CERVEZA FUERTE

En una sartén sofría la cebolla picada y espolvoree con comino y mejorna. Cueza durante 2 minutos y, a continuación, añada una cucharada de harina. Bañe con el caldo caliente removiendo para obtener una salsa homogénea.

Añada las salchichas hervidas y troceadas, salpimente y échelo todo en una fuente de horno untada con aceite. Espolvoree con dos cucharadas de pasas remojadas y escurridas, un puñado de aceitunas y dos huevos duros en rodajas. Bata los demás huevos con la leche, añada el maíz, mezcle y vierta sobre las salchichas. Hornee a 180° durante tres cuartos de hora.

Sirva caliente.

 INGREDIENTES PARA 4 PERSONAS

600 g de solomillo de vaca en seis filetes
500 g de patatas
2 cebollas
perejil
caldo de carne
vinagre
pimentón picante
aceite de oliva virgen extra
sal

 TIEMPO DE PREPARACIÓN
1 HORA Y 20 MINUTOS

 BEBIDA RECOMENDADA
D.O. RIOJA TINTO

PASTEL DE SOLOMILLO Y PATATAS

Mezcle en un cuenco una pizca de pimentón, dos cucharadas de perejil picado y una de vinagre. Eche por encima de la carne esta mezcla, apretando con las manos para que se adhiera bien, y déjela reposar a temperatura ambiente. Pele las patatas, lávelas, séquelas y córtelas en rodajas de medio centímetro de anchura aproximadamente. Corte en rodajas también las cebollas después de pelarlas. Mezcle las patatas con las cebollas y póngalas en una fuente de horno. Báñelas con un chorrito de aceite y con un vaso de caldo hirviendo, e introdúzcalas en el horno precalentado a 180° durante tres cuartos de hora hasta que queden blandas y doradas. Saque la fuente del horno y lleve la temperatura a 230°. Fría los filetes de solomillo en una sartén antiadherente con un poco de aceite, 30 segundos por cada lado. Sazónelos, colóquelos sobre las patatas y vuelva a meter el recipiente en el horno durante 5 minutos. Dele la vuelta al solomillo y cueza durante 2 minutos más. Antes de servir espolvoree la carne con un poco de perejil.

Ternera con kiwi

Ingredientes para 4 personas: *600 g de ternera en un solo trozo - 100 g de jamón de York - 1 l de caldo vegetal - 5 kiwis - queso grana rallado - vino blanco - mantequilla - sal - pimienta*

Tiempo de preparación
1 hora y 30 minutos

Bebida recomendada
D.O. Penedès de aguja

Macere la carne de ternera y luego salpiméntela ligeramente. Échele por encima el jamón. Pele y corte en rodajas los kiwis, disponga esas rodajas sobre el jamón y espolvoréelo todo con un poco de queso. Enrolle la carne y átela con hilo de cocina. Ponga el asado en una cazuela llana con una nuez de mantequilla y dórela bien por todos los lados. A continuación, eche un chorrito de vino blanco y deje que se evapore. Añada el caldo caliente hasta recubrirlo y prosiga la cocción durante 1 hora aproximadamente. Una vez acabada la operación, deje reposar el asado durante unos 10 minutos en la cazuela. Cuando se haya enfriado un poco, córtelo en rodajas y dispóngalas en una fuente de servir. Espese la salsa de cocción con una cucharada de harina y bañe el asado.

TERNERA EN SALSA DE NUECES

INGREDIENTES PARA 4 PERSONAS

800 g de lomo de ternera
200 g de nueces peladas
50 g de jamón de York
50 g de mantequilla
2 dl de caldo de carne
2 cucharadas de nata
1 cucharada de harina
coñac
aceite de oliva virgen extra
sal
pimienta

TIEMPO DE PREPARACIÓN
1 HORA Y 15 MINUTOS

BEBIDA RECOMENDADA
D.O. CAVA SECO

Ate la carne a fin de que mantenga la forma, póngala en una cazuela ancha con un poco de mantequilla y dórela dándole la vuelta a menudo. Salpimente.

Añada el caldo y cueza despacio durante tres cuartos de hora, alargando con más caldo si es necesario. Mientras tanto, pique en la batidora americana las nueces y añádalas al fondo de cocción de la carne 5 minutos antes del final de la cocción. Bañe con el coñac y deje que se evapore.

Amase el resto de la mantequilla con la harina, diluyendo con un poco de caldo. A continuación, incorpórelo a la carne y prosiga la cocción durante unos minutos.

Saque la carne del fondo de cocción, déjela reposar tapada durante unos 10 minutos, córtela en filetes y colóquela en una fuente de servir.

Mantenga el fondo de cocción a fuego lento, añádale el jamón picado fino y la nata, mezcle y cueza durante 2 minutos. Recubra con esta salsa los filetes de carne.

TERNERA SABROSA

INGREDIENTES PARA 4 PERSONAS

600 g de tapa de ternera
1 huevo
1 limón
1 diente de ajo
1 rama de apio
pan rallado
perejil
albahaca
mostaza
aceite

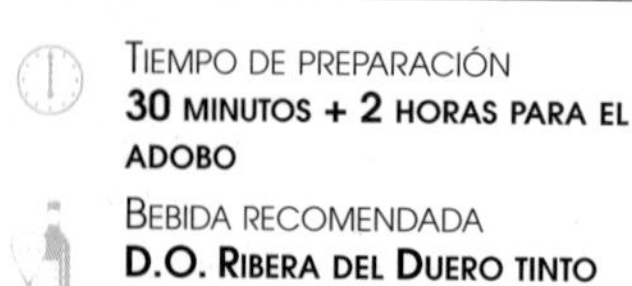

TIEMPO DE PREPARACIÓN
30 MINUTOS + 2 HORAS PARA EL ADOBO

BEBIDA RECOMENDADA
D.O. RIBERA DEL DUERO TINTO

Ponga los filetes de ternera en adobo durante 2 horas, aproximadamente, con dos cucharadas de aceite, el zumo de limón, el apio, el ajo, la albahaca y el perejil picados. Escurra los filetes, úntelos con mostaza, páselos por el huevo batido con una pizca de sal y luego por el pan rallado.

Fríalos en aceite muy caliente y póngalos a escurrir sobre papel absorbente de cocina.

Sirva de inmediato.

ÍNDICE DE RECETAS

CONSEJOS ÚTILES

Impreso en España por
EGEDSA
Rois de Corella, 12-16
08205 Sabadell